推动旅游发展的举措

——旅游规划与开发研究

李严 著

全国百佳图书出版单位　吉林出版集团股份有限公司

图书在版编目（CIP）数据

推动旅游发展的举措：旅游规划与开发研究 / 李严著 . -- 长春：吉林出版集团股份有限公司，2023.7
ISBN 978-7-5731-3773-9

Ⅰ. ①推… Ⅱ. ①李… Ⅲ. ①旅游规划-研究②旅游资源开发-研究 Ⅳ. ①F590

中国国家版本馆 CIP 数据核字（2023）第 131766 号

TUIDONG LÜYOU FAZHAN DE JUCUO　　LÜYOU GUIHUA YU KAIFA YANJIU
推动旅游发展的举措——旅游规划与开发研究

著：李　严
责任编辑：王芳芳
封面设计：冯冯翼
开　　本：720mm×1000mm　1/16
字　　数：210 千字
印　　张：11.5
版　　次：2023 年 7 月第 1 版
印　　次：2023 年 7 月第 1 次印刷

出　　版：吉林出版集团股份有限公司
发　　行：吉林出版集团外语教育有限公司
地　　址：长春市福祉大路 5788 号龙腾国际大厦 B 座 7 层
电　　话：总编办：0431-81629929
印　　刷：吉林省创美堂印刷有限公司

ISBN 978-7-5731-3773-9　　　定　价：69.00 元
版权所有　侵权必究　举报电话：0431-81629929

前　言

当今，旅游业的发展速度很快，对经济的带动作用也很强，这使得很多国家和地区都将它列为经济发展的重点产业和先导产业。中国旅游业从无到有，大致发生了三个方面的变化，即由事业接待型向市场经营型转变；由单一功能的观光式旅游向多功能的参与式旅游转变；由行业内部管理向全方位管理转变。中国的旅游业取得了不错的成就，已成为国民经济中的一项重要产业。

旅游资源可分为两大类：一是自然类旅游资源，二是人文类旅游资源。其中，自然类旅游资源主要有四大类：地理、水文、气候、生物；人文旅游资源主要包括人文景观、民俗风情和当代人文旅游元素。旅游资源的吸引力不仅体现在它的内在属性上，而且体现在它的规划和开发上。

利用现代科技，挖掘潜在的旅游资源，进而促进旅游活动得以实现的一系列技术和经济活动，被称为旅游资源的开发。首先，要把景区自身建设成为一种能吸引游人的景点；其次，为游客提供必要的交通、食宿、购物等配套服务；第三，要对旅游资源进行有效管理和保护。所以，在开发之前，必须有一个整体的发展计划，要有一个清晰的发展方向及市场定位。其主要目标就是要通过对旅游资源的规划与开发，推动旅游业的整体发展，提升旅游业的服务水平。

目前，在"旅游规划热"和"旅游发展热"的大背景下，旅游规划与开发的理论和实践正在如火如荼地开展。各个学科领域的专家学者对该领域的关注，客观上加速了中国旅游规划和开发的研究进程，大大拓展了其研究的领域，从而对旅游规划和开发的理论探讨和实践的积累起到了积极的推动作用，使得该领域成了国内旅游学科中发展最快的专业研究方向。

在此基础上，我们应深入研究并借鉴世界各国在旅游规划和发展方面的相关理论，通过高品质的旅游规划和产品营销战略，使中国的旅游产品走向世界，从而使中国的旅游产品在世界范围内的竞争力得到提高，获得更好的效果，推动中国旅游产业的可持续发展。

本书是一本探讨旅游规划与开发的理论著作。本书可分为两大部分，第一部分主要论述了旅游规划与开发的基础知识；第二部分探讨了城市旅游规划与开发、乡村旅游规划与开发、区域旅游规划与开发、海岛旅游规划与开发、体育旅游规划与开发、非物质文化景观旅游规划与开发、国际旅游规划与开发等方面的内容。

需要说明的是，旅游规划与开发并不止于本书的内容，尤其是其中的某些规划与开发的技巧与方法，还需要人们结合自身实际，灵活运用，唯有如此，才能百尺竿头更进一步！

在写作过程中，作者广泛参考、吸收了国内外众多学者的研究成果和实际工作者的经验，在此，对本书所借鉴的参考文献的作者、对写作过程中提供帮助的单位和个人致以衷心的感谢！在写作本书时，得益于许多前辈的研究成果，既受益匪浅，也深感自身所存在的不足，对此希望广大读者予以谅解，并提出自己的宝贵意见，以便修改完善。

目　录

第一章　旅游规划与开发概述 ………………………………………… 1
　　第一节　旅游概述 …………………………………………………… 1
　　第二节　旅游规划 …………………………………………………… 5
　　第三节　旅游开发 …………………………………………………… 13

第二章　城市旅游规划与开发 ………………………………………… 25
　　第一节　城市旅游概述 ……………………………………………… 25
　　第二节　城市休闲旅游要素的规划 ………………………………… 33
　　第三节　城市旅游产品的开发策略 ………………………………… 36

第三章　乡村旅游规划与开发 ………………………………………… 46
　　第一节　乡村旅游概述 ……………………………………………… 46
　　第二节　乡村旅游规划的原则与过程 ……………………………… 50
　　第三节　乡村旅游规划的路径创新 ………………………………… 54
　　第四节　乡村旅游资源的开发与可持续发展 ……………………… 60

第四章　区域旅游规划与开发 ………………………………………… 68
　　第一节　区域旅游规划与开发的理论依据 ………………………… 68
　　第二节　区域旅游基本体系规划 …………………………………… 73
　　第三节　区域旅游开发的基本空间布局 …………………………… 85
　　第四节　区域旅游开发的基本类型 ………………………………… 89

第五章　海岛旅游规划与开发 ………………………………………… 91
　　第一节　海岛旅游的基本理论 ……………………………………… 91
　　第二节　海岛旅游规划设计要点 …………………………………… 97
　　第三节　海岛旅游发展模式与营销对策 …………………………… 103

第六章　体育旅游规划与开发……………………………………………108
第一节　体育旅游概述………………………………………………108
第二节　体育旅游规划与开发的理论依据……………………………112
第三节　体育旅游规划设计的原则与程序……………………………119
第四节　体育旅游项目设计开发………………………………………123

第七章　非物质文化景观旅游规划与开发……………………………130
第一节　非物质文化景观概述…………………………………………130
第二节　非物质文化景观旅游的规划与开发设计……………………136
第三节　非物质文化景观旅游资源的保护与传承……………………142

第八章　国际旅游规划与开发…………………………………………149
第一节　国际旅游规划与开发概述……………………………………149
第二节　国际旅游规划与开发的理论基础……………………………154
第三节　国际旅游项目与营销规划……………………………………159
第四节　国际旅游产品的开发…………………………………………164

参考文献…………………………………………………………………171

第一章　旅游规划与开发概述

旅游业已成为当今世界上发展势头极为强劲的产业,我国也把旅游业作为发展国民经济新的增长点。面对如此巨大的发展潜力和商机,几乎所有地区、行业都在积极地向旅游业靠拢。而旅游地发展旅游,是通过对游客的吃、住、行、游、购、娱等方面的安排和满足游客对精神享受的社会需求来实现自身经济效益之目的。因而,要使旅游地的旅游活动能够蓬勃发展,必须进行旅游规划与开发。所以,从20世纪末开始,国内众多旅游地就对旅游开发规划工作投入了极大的热情,掀起了一轮又一轮的高潮。但是由于旅游规划对象复杂,涉及面广,时间跨度长,影响因素多,很多规划工作在瞬息万变的市场环境下摸着石头过河,失误或失败的例子俯拾皆是。这些例子告诉我们,必须对旅游地规划开发的理论方法与实际操作认真研究,才能使旅游开发规划趋于科学化,提高成功概率,发挥综合效益。

第一节　旅游概述

一、旅游概念的界定

首先,政府和经济等相关部门需要的是旅游经济计量操作统计的方便,他们可以有他们的统计标准,当然,包括旅游计量经济的研究也不妨使用这种统计标准的旅游概念,而旅游学定性研究的学者不必过多干预。

其次,旅游学的社会学研究应该关注的是旅游的质性特征,其概念界定的标准要从旅游的本质属性出发,不具备旅游本质属性的活动均应排除在旅游范畴之外,不能用经济的标准来界定精神文化范畴的概念。

最后,旅游概念的外延要涵盖所有具备旅游本质特征的现象,不能因其计量的微不足道而否定其本质的旅游属性。

目前，由于经济统计的需要，涉及商务、会议、探亲访友、修学、健康等内容的行为均被界定为旅游活动，理由是这些活动往往附带有旅游环节，但是不附带旅游环节的这类活动也被列入统计范畴中，从事定性研究的学者们虽有异议但又无能为力，不能给出一个让人满意的、清楚的界定标准。旅游与旅行等相关概念的混淆和使用，源于这些概念指涉的活动都具备异地性、暂时性、跨越空间等共同特征。而旅游作为旅游者的活动与这些有相同特征的活动根本不同的特征是其目的上的愉悦体验性和时间范畴的休闲性。这一根本区别使得旅游研究必然在对象范畴、本质核心、概念体系、方法规范等方面区别于其他研究，也成就了旅游学作为独立学科的理论依据之一。[①]

二、旅游的属性

（一）审美性

旅游，是人们生活中必不可少的"综合性审美活动"。人们通过对旅游景观的观赏，能获得知识、增添乐趣、陶冶情操，得到启迪和美的享受。这种令人向往和追求的审美活动主要是体验旅游景观所蕴含的生态美。

旅游如同西方古典浪漫音乐一样，能唤醒人们心中的家园感，让人们诗意地栖居于自然的怀抱；旅游能消解人与自然的对抗性以及社会化带来的异化成分，使人适情顺性、逍遥自在；在旅游活动中，审美主客体异质同构（审美活动的基础是事物与人的同构），情景交融，使人性得以升华；在审美效应上，旅游是超越现实人生的预演，并营造出为现实人生输送精神动力的稳定心态。因此，旅游的审美本质就是和谐。人与环境相契相合的回归性文化走向将使旅游的和谐美得到充分体现。

旅游作为一种短期性的闲暇生活方式，从本质上说，是一种集自然美、艺术美、社会美之大成的综合性审美活动。通过旅游获得精神上的审美愉悦和满足，是所有旅游者的共同追求，也是旅游的本质所在。一般而言，所谓审美，指的就是审美主体对客体内容与形式价值（如美丑）的感知、观察、审视和品评，是人对美的事物的一种带有情感的认识。

具体而言，旅游审美活动有以下几个特点：

---

① 徐虹，朱伟，章继刚. 乡村旅游创意开发 [M]. 北京：中国农业大学出版社，2019：7.

1. 历史性

旅游审美属于历史的范畴，是随着历史变迁而不断发展的一种人类活动。人类的审美活动发展具有历史性。人类早期的旅游活动，由于人类无法通过掌握自然规律来控制自然力，因而拜倒在大自然的脚下，通过对某些具有象征意义的自然景观和人文景观的朝拜以获得上苍的佑护，这在一定程度上满足了当时人们的情感需求。

个体的审美活动也具有历史性。在最初的审美中，由于个人审美能力的限制，往往是匆匆忙忙到各地名胜走马看花，浮光掠影地看个大概，选个景点赶快摄影留念，赶任务式地疲于奔命，满足于"曾到此一游，留个纪念。可以此生无憾矣！"后来，随着个人阅历的丰富和人生体验的增加，旅游者要求尽可能提高旅游审美文化的质量，充分发掘旅游的审美内涵和文化意蕴，让自己在旅游中玩得更开心、更惬意、更有意义，更有收获，这些都得益于自身审美修养和能力的不断提高。正所谓"涉浅水者得鱼虾，潜深水者得蛟龙"，有不同审美能力的人，可以从美景的色、形、音得到悦耳悦目的愉快，也可以从美景的深层内容中得到美的享受，还可以从美景的"象外之象""味外之旨"中得到精神提升。

2. 休闲性

休闲不是空白，不是抬头看天，不思不想，无感无情，也不只是睡觉。要休闲得快乐舒畅，要休闲得丰富充实，要休闲得高尚而不低俗，就要有所讲究。人的生活中，不但该有金戈铁马、艰苦奋斗，而且也该有泛舟湖上，徜徉于山水胜景之间，寻趣于茶余饭后、花前月下。旅游是人类特有的一种有审美内涵和文化意蕴的活动。也就是说，人们有了闲心和闲趣，才能从容畅游，超越贫贱富贵的计较，到达怡然自乐的境界。休闲有不同的趣味，我们提倡的是休闲有雅趣，生活有品位。

3. 选择性

选择性是人的主观性的深刻体现。旅游是有意识的人的主观活动，审美主体可以有选择地进行审美：一是对旅游景点的选择；二是对旅游时机的选择；三是对审美中介的选择；四是对审美对象的选择。

(二) 社会性

旅游是一种社会性的行业，涉及工商、交通、公安、文化、金融以及卫生防疫等多个部门。在"吃、住、行、游、购、娱"的旅游六要素中，旅游部门只能管到其中的一个半，即"游"的全部和"住"的一半。

旅游是加强物质文明建设和促进经济发展的重要途径，这是毋庸置疑的。

近现代旅游业属于新生的第三产业。旅游既是一种社会经济现象，又是一种社会文化现象。它必然随着社会经济和文化的发展而在内容和形式上发生变化，是人们了解社会和自然、丰富自我的一种非定居性的活动方式。

(三) 生态性

旅游活动的生态意义主要体现在对旅游资源和生态环境的合理保护上，这将是实现生态环境和旅游环境永续发展的根本动力。

1. 旅游活动促进人们对旅游资源进行合理开发和保护

世界上一切旅游资源的合理开发与保护，主要目的是适应旅游的需要。旅游成了旅游资源合理开发与保护的动因。许多旅游资源，既是人类精神财富的积累，又是人类物质财富的积累。旅游的经济收入促进旅游文化设施的建设。这里讲的旅游文化设施，主要指作为旅游中介的旅行社、旅游交通和旅游饭店等设施，以及为游客提供娱乐服务的场所（歌舞厅、剧院等），它们也都属于社会的物质文明。正是因为适应了旅游的需求，国内外众多的旅游文化设施才得以飞速地朝着现代化的方向发展，成为人类社会的一笔巨大物质财富，并为旅游提供日益周到的服务。

2. 旅游经济的发展有助于发挥地区优势，促进地区经济发展

经济水平的上升将会直接提升本地区生态保护的水准，有些地区比较贫困，但是旅游资源丰富，如武陵源国家森林公园所在的湘西地区便是如此。这样的地区，通过兴办旅游业，不仅直接从国内外游客那里获得了经济收入，而且可以根据旅游业的要求因地制宜地开发多种经营项目。尤其是通过旅游交通运输的创办和发展，可以使本地区的经济走出封闭状态。

3. 旅游活动中深刻的体验，使旅游者经受强烈的心灵震撼，从而使其产生环保理念和环保意识

产生环保意识的游客会以宽厚之心对待自然，尽量以较小的消耗来改善自身的生活条件，从而实现"天人合一"的和谐状态。来自旅游体验中的环保意识会让游客在现实生活中外化为实际的环保活动，即具体的环境保护实践。

(四) 哲学性

从哲学角度讲，旅游是一项健康、有益的人类活动，对人的全面发展有着直接促进作用：一是陶冶人的情操，二是丰富人的知识，三是锻炼人的身体。人的全面发展的主要意思是指人的各种潜能素质的充分发展、人的个性的丰富完整、人的本质力量的充分显现等。人的发展是一个不断地由片面到全面的过程。

旅游活动就是体现、丰富、发展和完善自由生命的活动，大致分为休养休闲旅游、疗养保健旅游、观光游览旅游、新婚蜜月旅游、科学考察旅游、文化旅游、访问旅游、风情旅游等类别，这些活动无一不是以自由生命活力为轴心，在广阔的思维空间里的运动、旋转和展开，使自由生命得以完善、发展和推进。从理论上讲，审美活动的本质就在于体现和发展自由生命，这是旅游活动哲学意义的理论本源。

旅游活动具有其他活动所不可替代的综合性。旅游活动促进人的生理和心理、理性和感性、体力和智力、意志和情感、伦理道德和先天本能、灵魂和肉体等因素的相互作用、相互促进、同步升华，是自由生命的综合性的体现和全面肯定。旅游审美活动空间广阔，沿线而游，顺路而行，自然美、社会美、艺术美、石刻、字画、建筑、音乐、舞蹈、优美、崇高、悲剧、喜剧，一闪过身边，灌注心田，使旅游审美活动中贯穿着色、声、形、味等方面的悦耳、悦目、悦心、悦神的全面的美的享受。[1]

第二节　旅游规划

规划是人们依据现有条件对未来活动有意识、有系统的安排。事实上，规划是为实现某种目标而组织未来的过程，这个过程具有连续性、增值性与可变性的特征，它通过更换行动顺序的编制，使预定的目标得以实现。可以将旅游发展规划定义为：在旅游资源调查评价的基础上，针对旅游资源的属性、特色和旅游地的发展规律，根据社会、经济和文化发展趋势，对旅游资源进行优化配置，对旅游系统进行合理高速的结构性筹划过程。在实际工作中，旅游发展规划又简称旅游规划。需要指出的是，在旅游规划中，正确处理旅游业发展同环境保护、旅游资源保护之间的关系是前提，取得一定的经济、技术与智力支持则是保障。[2]

---

[1] 王敏弦，赵俊萍，李津泽. 旅游学概论 [M]. 上海：上海财经大学出版社，2018：8.
[2] 袁俊. 旅游学概论 [M]. 武汉：华中师范大学出版社，2006：142.

一、旅游规划的层次与类型

（一）旅游规划的层次

1. 时间角度

从时间角度上，通常把旅游规划分为远期旅游规划、中期旅游规划和近期旅游规划。远期旅游规划一般在10年以上，是具有战略性、预见性和纲领性特点的旅游规划，不确定的因素比较多。中期旅游规划一般为5~10年左右，是比远期旅游规划内容更具体、详细的旅游规划，其主要任务是解决旅游发展的一些重大问题，如发展战略、发展速度、旅游布局、长远目标等。

短期旅游规划一般考虑的时间为2~5年，是旅游规划的基本形式，它是中期旅游规划的具体化。短期旅游规划的不确定因素比较少，可以比较准确地衡量规划期内各种因素的变动及影响，并对实现规划目标的各项措施做出具体的安排。

2. 空间角度

从空间角度上，可以把旅游规划分为国家级旅游规划、区域级旅游规划和地方级旅游规划。区域旅游规划：区域旅游就是在旅游资源相对一致的空间内，以中心城市为依托，依据自然地域、历史联系和一定的经济、社会条件，根据旅游业发展的需要，经过人工的开发和建设，形成有特点的旅游空间，以吸引人们到这一范围内旅游。目的地旅游规划：旅游目的地是一个具有大量取悦旅行者的旅游活动项目的区域。旅游目的地的组成要素应该有：吸引力综合体、进出通道、服务中心、区内连接路径等。景点规划：又可以把它称为位置规划，景点规划比目的地规划的层次低，是旅游规划的最后表现，它的可操作性也是最强的。另外，从内容和性质上，旅游规划又可以分为两大类：旅游发展规划和旅游开发建设规划。

（二）旅游规划的类型

旅游规划的类型比旅游规划的层次要丰富些，而且各类型的旅游规划可以相互渗透、相互补充，没有等级之分，没有指导和被指导的关系，也没有服从和被服从的关系。

1. 从旅游发展的阶段性来划分

（1）开发性旅游规划

这种类型的旅游规划主要是针对那些旅游资源还没有被开发的地区和旅游地，是旅游发展初期的规划。开发性旅游规划所要解决的问题是如何开发旅游资源，涉及的内容非常多，需要的投资很大，因此，考虑问题要比较全面。

（2）发展性旅游规划

这是旅游发展过程中所进行的旅游规划，主要是就如何提高旅游发展的经济、社会、环境效益提出建设性的意见，所要解决的问题是旅游发展的战略、发展的速度、发展的协调和发展的保障等。

（3）调整性旅游规划

这是旅游发展后期的规划，是在旅游发展具有一定规模和基础的前提下所进行的旅游规划。此类型旅游规划主要是对过去的旅游规划进行调整和扩大，以适应新的旅游发展需要。

2. 从旅游规划的内容来划分

（1）旅游业规划

旅游业规划应该是旅游经济近、中、远不同时期的发展纲领，明确旅游业在国民经济中的地位和作用，充分估计和利用现有的基础，规划出旅游业发展的方向、规模、速度和目标，以及旅游发展的产业政策和实现目标的措施。旅游业规划还应研究投资环境，论证投入－产出的综合效益。

（2）旅游资源开发保护规划

旅游资源开发要为旅游者建设各种便利设施，保护则是要减少旅游设施，开发与保护是一对矛盾，开发保护规划就是要找到协调二者之间矛盾的方法，既要充分发挥旅游资源的经济效益，又要不以牺牲旅游资源为代价，所以进行旅游资源开发和保护规划就很有必要。

（3）旅游市场规划

旅游市场规划要明确主要的目标市场，识别有利机会，做出详细的行动方案，并参考其他旅游规划，注意眼前利益和长远利益相结合，局部利益和全局利益相结合，微观利益和宏观利益相结合，直接利益和间接利益相结合。

（4）旅游保护系统规划

旅游保护系统包括旅游资源保护、环境保护和社会文化保护，以及一切需要保护的项目，如针对某些旅游地的游客安全保护等。除此以外，还有旅游线路规划、旅游设施规划、旅游人才规划、旅游参与程度规划等。[①]

二、旅游规划的目的和作用

（一）旅游规划的目的

旅游地发展的经验表明旅游规划有利于当地旅游业的全面、协调和可持续

---

① 李国宁. 旅游开发与营销 [M]. 北京：中国物资出版社，2007：67.

发展，有利于旅游业在当地社会发展中更好地发挥其积极的功能。

对旅游规划的目的，学者们也表达了一些大致相同的看法，主要有：旅游规划的目的就是合理地利用旅游资源，提高旅游资源的吸引力，扩大其经济效益和社会效益，使该地区旅游业得以全面、健康、可持续地发展；从旅游这一领域或系统进行规划，以实现国民经济和社会发展总体规划所提出的要求，有计划、有步骤地发展旅游事业，以减少盲目性，增加自觉性，实现计划性。除此之外，旅游规划至少还有四个目的：提高旅游者的满意度，扩大经济和商业效益，保护资源，促进社区和地区的整合。

（二）旅游规划的作用

旅游规划具有战略性的指导意义，它明确地提出了旅游发展的方向、规模、速度和目标，以及实现目标的对策和措施。旅游规划是旅游发展的依据。其作用主要表现在以下几个方面：

1. 为旅游发展提供产业指导

旅游规划在旅游的开发建设过程中起着指导作用。它能够全面分析规划区旅游业的发展历史与现状、优势与劣势，以及与相关规划的链接；预测规划期内客源市场需求总量、地域结构、消费结构及其他结构；提出旅游业发展目标及其依据；提出规划区的旅游发展战略。

2. 提高旅游资源吸引力

旅游资源的吸引力往往带有隐藏性和原始性，因而必须通过一定的规划和开发予以发掘，加以修饰，才能凸显出其独特之处。另外，旅游资源的吸引力在很大程度上受旅游者心理的影响。随着社会的不断进步，旅游者的需求品位越来越高，旅游资源要保持持久的吸引力就必须常变常新，因而对旅游资源的规划就显得十分重要。

3. 为旅游产品开发指明方向

一个地区的旅游规划文本都会对该地区的主题形象和产品结构进行分析和说明，结合资源开发条件和市场发育程度，高度概括该地区的自然、文化和历史的主题形象；并在此基础上进行策划，突出其独特性，然后再根据市场来设计开发旅游产品，规划出富有竞争力的旅游产品结构，为政府或企业提供指导。

4. 促进三大效益协调发展

在旅游开发的过程中，普遍存在未经认真考察和科学分析便匆匆实施开发的现象，这往往容易导致对旅游资源的破坏性开发。旅游规划通过对市场的分析和旅游容量的限制，很大程度上协调了旅游业的经济效益、社会效益和生态环境效益，促进了旅游业的健康可持续发展。

三、旅游规划的性质与原则

（一）旅游规划的性质

1. 科学性和客观性

旅游规划同其他任何规划一样，是人们的主观意识对客观存在的景观资源的一种科学反映。旅游规划工作就是要排除一切违反科学的主观因素的影响，尽力全面反映旅游地的客观实际，遵循旅游发展的客观规律。要做到这一点，关键在于规划内容是否能反映客观实际和实施规划者的水平。为此，旅游规划者不但要注意了解本国、本地区的旅游资源、旅游环境、服务接待设施等情况，而且要了解与本国、本地区有关的客源市场的旅游需求情况；并在这两类调查的基础上，利用综合考察、计量、对比论证、计算机模型、影像技术特别是互联网等现代化的手段和方法，正确处理旅游需求和旅游供给的关系，努力使二者不断趋于平衡，从而使人类主观设计系统和客观存在系统相一致。

2. 系统性和层次性

旅游是一个集环境、资源、资金、人力和潜力于一体的复杂系统。旅游开发也就是一个社会、经济、政治、文化、环境的系统工程。从系统论出发，旅游是旅游者通过旅游媒介到达旅游目的地的旅游活动系统，包括旅游资源系统、旅游设施系统、客源系统、旅游服务系统、旅游环境系统、旅游保障系统等若干子系统，这些子系统下面又有低一级的系统。因此，旅游规划的内容和方法都必须具有系统性，才能处理和协调旅游这个复杂的大系统。

作为一个系统，旅游规划自然也具有层次性。这种层次性表现在两个方面：一是规划范围的层次性。在一个大的旅游区中，总有若干个下级旅游区。低一级的旅游规划必须服从和统一到高一级的旅游规划中去。旅游规划应根据具体层次的不同，进行切合实际的调查分析、研究，制定出每一层次各旅游区的切实可行的旅游规划。二是规划内容的层次性。如总体规划、详细规划、分项规划，或者长期规划、中期规划和短期规划，都具有鲜明的层次性。

3. 地域性

旅游规划是对一定空间范围内的旅游活动进行规划。这主要是因为旅游资源具有很强的地域性，决定了旅游规划的编制和实施是针对某一具体地域范围的，地域范围的大小以保证规划对象的完整性为原则。因此，任何一个旅游地的旅游规划都要根据本地域的旅游资源特点、空间分布及地域组合状况，结合当地的社会、经济等条件来制定，从而反映出鲜明的地域特色。

4. 前瞻性

旅游规划是对旅游地建设和发展的战略部署，也是改变旅游地形象、优化旅游环境的重要手段。一般旅游规划的期限都在 3~5 年以上，规划产品和旅游项目，尤其是重大建设项目，一旦实施就难以改变，并将产生长远的影响，但旅游市场需求是经常变化的，因此旅游规划者必须有长远的战略眼光，善于预测市场变化发展的趋势。这就要求规划方案不仅要有短期内重点建设项目的规划以及对目前出现的问题提出的解决方案，同时更要有超前性，即对未来状态的设想和对可能出现的问题做出科学预测和处理，使规划方案既能指导近期旅游建设和发展需要，又可保持远近结合，展示出可持续发展的可能。

5. 可操作性

旅游规划的方案要有直接指导实践的可操作性。旅游规划的最终目的就是应用于实践，指导旅游发展建设，使旅游开发有章可循、有据可依；因此规划应符合实际、内容充实，具有可操作性。这就要求在旅游规划中要重视旅游实地的调查研究，找到本区域旅游发展的突破口；要充分听取实地工作者和当地居民的意见，充实规划内容，解决实践中的技术性问题；还要根据旅游业发展变化的趋势，适时调整修改初定的规划方案，提高可操作性。

6. 技术性

旅游规划技术性特征主要表现在旅游规划实用的方法上，如旅游资源开发规划涉及美学景观技术、地理信息技术、计算机技术、绘图技术等，旅游市场开发规划涉及统计分析技术，旅游企业发展规划涉及企业管理技术和其他经济专业分析技术，旅游环境规划涉及环境、生态等技术。可见，在一定程度上旅游规划的过程就是利用各种技术转化为旅游产品的过程。[①]

(二) 旅游规划的原则

1. 以人为本原则

旅游规划应"以人为本"，旅游以满足人的精神和文化需求为目标，注重人的生命质量的提高（即要为旅游者提供精神价值、知识价值、道德价值、愉悦价值、文化价值、审美价值、健康价值），并通过有效的规划和引导，使游人在亲近自然山水、接触社会人文、享受美食、休闲购物的旅游过程与服务过程中得到身心的愉悦。

2. 形象制胜原则

创造出鲜明的形象，这是旅游规划的基本要求。在规划布局中强化各个旅

---

① 鄢志武. 旅游地理学 [M]. 武汉：华中师范大学出版社，2008：96.

游景区的特殊性，烘托出一个集区域文化、社会、自然特色于一体的旅游形象，旅游业才有竞争力，旅游地才有生命力。在旅游规划中，切忌模仿、抄袭，否则就会缺乏新意，不能引起游客的兴趣。

3. 市场导向原则

市场导向原则是市场经济体制下的一条基本原则。旅游开发必须根据旅游市场的需求和竞争力，确定旅游开发的主题、规模和层次。这就要求我们在对旅游资源进行综合开发时必须灵活地适应旅游市场和旅游地的发展需要。

4. 社区参与原则

旅游规划必须对规划区的各种利益关系进行协调，因而需要建立磋商机制。同时，随着人们生活水平的提高，社区公众越来越重视生活的环境和质量，参与意识不断增强。在规划编制中要激励社区公众参与，在公众参与过程中，体现出参与-反馈-再参与的机制，以增加公众参与的连续性与互动性。

5. 整体优化原则

旅游景观是由相互作用的生态系统组成的一个整体。旅游景观规划的重点应为整体景观，是对全部生态系统的组合、平衡和协调进行规划，进而建设成一个功能完善的、稳定的生态环境，以实现景观生态系统的整体优化，保证当地经济和社会的可持续发展。

6. 环境保护原则

凡具有旅游价值的旅游资源都必须妥善加以保护，尤其是那些环境敏感区域（对人类具有特殊价值或具有潜在自然灾害的地区）。这些地区往往极易因人类不适当的开发活动导致环境负效应。因此，在进行旅游规划时应坚持"保护第一"的原则，并划出相应的保护区域、类别和等级，切实采取有效措施使旅游资源的保护工作落到实处。[1]

四、旅游规划的趋势展望

进入 21 世纪，在新的经济形势、社会条件和科技手段的综合推动下，可以预测旅游规划将呈现出以下趋势：

（一）全球化趋势

随着经济全球化和一体化的发展，不同文化背景的人们之间的交流日趋频繁，特别是中国加入了世界贸易组织之后，与世界上其他国家的交往也越来越多，在这样的环境下，我国旅游发展规划也必然呈现出全球化的趋势，即在旅

---

[1] 梁明珠. 旅游资源开发与规划 原理、案例 [M]. 广州：暨南大学出版社，2014：180.

游市场的定位、旅游项目的设计、旅游教育和培训等方面与国际接轨势在必行。

(二) 市场化趋势

旅游发展规划要以市场为服务对象，从前那种靠政府进行规划的方式将一去不复返。旅游发展规划的编制将进一步市场化，规划编制方和委托方将通过公平竞争的方式，"公平、公正、公开"地走到一起。市场趋势可以保证所编制旅游发展规划的质量和促进旅游发展规划编制效率的提升。

(三) 产业化趋势

旅游业作为一个高速发展的新兴产业已经为世人所瞩目，旅游业的发展要力求从高起点进行定位，实行适度超前的发展战略，与此相适应，就要求旅游发展规划也需站在一个比较高的层次上来审视旅游规划区的发展问题，只有站在产业的高度，才能真正做到规划的科学性、合理性和可操作性的完美结合。

(四) 生态化趋势

旅游业被称为是"无烟工业"，但并不表示其对周边环境不产生影响。随着世界环境的不断恶化，人们对可持续发展的认识越来越深入，旅游发展规划作为指导当地进行旅游开发和发展的纲领性文件，更要体现生态化的设计理念。近年来，在旅游地的规划和开发中已经开始重视旅游目的地生态环境（空气、地表水、噪音状况）、污染控制和管理、环保设施建设等方面的内容，保证旅游地在开展旅游活动的同时，维持生态平衡，努力使旅游者的活动及当地居民的生产和生活活动与旅游环境融为一体，以实现"保护、利用、增值、保护"的良性循环。

(五) 战略化趋势

旅游发展规划的编制关系到旅游区未来的发展方向，因此要立足于战略的高度，协调好旅游规划区长远利益与眼前利益的关系，注重长期内旅游区产业竞争力的培植与提升。总的来说，旅游发展规划的编制应当以特色为战略灵魂，以质量为战略根本，以效益为战略目标，以产业为战略水准，在宏观层面上重视政府主导战略、产品开发战略、形象建设战略、产业融资战略、市场开拓战略、科技支撑战略的综合运用。

（六）创新化趋势

旅游发展规划的编制要适应不断变化的环境，如政治环境、文化环境和经济环境等，未来旅游发展规划的编制要求编制者注重对其内容和方法的创新性思考。创新性是核心竞争力的一个核心指标，只有不断地在旅游发展规划的内容上和所使用的技术上进行突破，所编制的规划成果才能具备较强的竞争力。

（七）多元化的趋势

旅游发展规划的多元化趋势是由旅游的学科特征所决定的，其多元化趋势表现在旅游发展规划编制组员以及编制过程中运用的技术方法和手段的多元化上。旅游发展规划所涉及内容的综合性决定了编制组成员的多元化，如果仅仅靠一个方面的专家是无法完成一项完整科学的规划研究的，旅游活动的社会性又决定了新兴的科学技术必须被不断地引入旅游中来，所以旅游发展规划中所使用的技术方法和手段也随着时间的推移呈现出多元化的趋势。

（八）系统化趋势

旅游发展规划不是一项独立的工作，它与旅游开发地经济发展的各个方面有着千丝万缕的联系，如旅游规划专家组与本地旅游界和学术界的关系、旅游区各利益相关者之间的关系等。任何方面的关系处理不当都不利于旅游发展规划的制定，所以旅游发展规划要对各方面的关系进行协调，以便达到特定的目标。

第三节　旅游开发

一、旅游开发的概念

"开发"一词是经济学的概念，由于近代工业的发展，除土地外，像地面上的山石、植被、动物、水体，地下的煤炭、石油、矿物，还有空气、阳光等，都可利用，变成财富，形成产业。这种将资源转变为产业的社会劳动过程就是开发。

"转变"是一个过程，是一个复杂的技术过程，并且由多方面因素、多种环节组成，因此，各门学科结合产业的特点，对资源转变成产业应有更简要的概括和更深入的论述。

旅游开发同其他产业开发有着相同性,即开发旅游资源形成旅游产业。但是,旅游业是以招徕、接待旅游者为主要内容,因而比其他产业复杂得多。它是由开发出的景点及建设配套设施组成的旅游业。旅游开发是一项综合性开发,也是有一定空间范围的区域旅游开发。[①] 经过多年的实践和理论研究,我们对"旅游开发"一词有了更深刻的理解,兹提出下面定义:所谓旅游开发,就是根据当地条件,运用适当的资金、技术手段,通过科学的调查、评价、规划、建设、经营等,使未被利用资源得以利用,已被利用资源在深度和广度上得到加强,并对资源、市场、产品、商品、人才等进行综合研究,确定发展方向,搞好相应的设施配套,创造更佳的效益,使旅游业在区域内得以建立、完善、发展和提高。

这一定义将旅游开发与区域旅游开发视为同义词,主要概括为下列几点:

第一,各地旅游开发必须因地制宜,从实际出发,也就是从景点区域大小及自然、经济、历史、文化和区位条件出发,按照客观规律开发,但无固定格式,即园林学常讲的"有定规,无定式"。

第二,旅游开发是一项技术过程,即通过调查、评价、规划、建设、经营等环节完成整体开发。某项任务的结束只是完成开发过程的一个环节,而不是全部,因此必须从过程和整体上理解开发。

第三,旅游开发的中心是资源。旅游资源只有经过开发,才能转化为旅游业所能利用的景点,才能对旅游者产生吸引力。

第四,旅游开发的出发点是市场,是旅游者。因为旅游者是旅游活动的主体,他们的消费是旅游经济的来源。旅游产业水平的一个主要标志,是入境旅游者的数量和收入水平。

第五,旅游开发是一项综合性的开发。一个地区旅游业的各个部分和各个环节只有得到均衡发展,有一个合理结构,才会形成较强的生产力,才能在市场上有竞争力,托起这轮新兴的"朝阳产业"。

将开发理解为建设,与规划相提并论,主张本学科应是"规划与开发",这是狭义的理解。事实说明,旅游开发是一项技术过程和整体实践,将资源、评价、规划、设计、经营做综合研究,有利于新学科的建立和旅游业的发展。

---

① 陈远清. 旅游项目开发可行性研究与经济评价实务全书 上 [M]. 北京:中科多媒体电子出版, 2003:3.

二、旅游开发涉及的领域

(一) 旅游资源状况

旅游资源的种类、数量、质量及与周边地区的比较，是地方旅游产业发展和旅游开发首先要考虑的问题。也可以理解为旅游资源是旅游开发的前提，没有一定数量和质量的旅游资源，旅游开发就无从谈起。

当然，从现代资源观出发，旅游资源本身就是动态的，人类的旅游需求在不断发生变化，旅游资源的种类和范围也会随之变化和发展；而且，旅游资源还可以通过生产手段、建设手段进行"创造"，因此，要树立"新资源观"来认识旅游资源。

地方旅游开发还要涉及周边，即别人的旅游资源。本地的资源是否有吸引力，在许多情况下，要依赖在与周边地区的资源比较中是否能够胜出。

(二) 客源市场状况

旅游开发本身就是为了开拓市场，增加经济收入，因此，开发后所形成的景观、吸引物的客源市场状况，也是旅游开发活动必须考虑的问题。实际上，如果没有潜在的客源市场，也就不存在旅游开发的必要性。

(三) 国家、地方旅游产业发展和旅游开发政策

政策的导向——推动或制约作用是不容忽视的，有时甚至是起决定作用的。它既可以对旅游产业的发展和旅游开发活动产生促进、推动作用，也可以对其产生遏制或阻碍作用。因此，旅游开发活动也包括了有关旅游政策、法规的制定和完善。

(四) 旅游地经济承载力

从产业特点上说，旅游业是一项资金密集型的产业，而旅游开发则是一项资金密集性的技术经济活动，旅游景区开发、旅游设施建设等都需要大量的资金投入，因此，旅游开发的深度、广度和力度往往要依赖地方经济的发展水平，要有足够或强大的经济后盾，即旅游开发必须首先解决投资问题。

当然，资金本身是可以流动的，在市场经济条件下，融资渠道也越来越宽，经济承载力已经不再是传统意义上的、局限于一隅的狭窄概念。

（五）旅游地社会环境

无论是旅游活动，还是旅游开发活动，都是一种社会现象，与社会人文环境有着千丝万缕的联系。旅游地居民的文化修养、开放观念、市场意识、社会秩序等都会对旅游开发活动产生影响，也会对旅游开发的结果——旅游产品的经营绩效产生影响。

（六）与旅游活动有关的其他条件

旅游活动具有综合性特征，而旅游开发也是围绕旅游的六大要素展开的，因此，与各要素有关的设施、场所与环境等，都是旅游开发要考虑、研究的问题。而这些内容涉及了城市建设、基础设施、商品零售、交通运输、文化娱乐等许多行业和部门，特别是服务业领域，与旅游消费的联系最为密切，是旅游开发需要重点关注的领域。

总之，旅游开发作为为旅游活动提供产品的生产和建设过程，它必须围绕旅游活动的内容来进行，其综合性特征十分显著。[①]

三、旅游开发的原则

为了保证开发的科学性和效果，许多国家和地区在旅游开发中都积累了丰富的经验，集中表现为旅游开发应该遵循的一些原则。掌握和遵循这些原则，是我国旅游开发中解决矛盾、弥补不足、取得预期成效的重要条件。

（一）市场导向原则

这个原则是指旅游开发要以资源状况为基础，高度重视市场的需求状况、特征及其变动趋势。这是在市场经济条件下一切生产建设活动都必须遵循的原则，而旅游资源是天然的，因此，其是作为旅游资源开发和项目建设的首要原则。在市场经济中，任何产品都是为别人的需要而生产的，都必须被需求方认可、接受，才能实现生产经营的目的，即实现价值由商品形态向货币形态的转化，实现赢利。因此，尽管有"巧妇难为无米之炊"的朴素哲学和资源、条件决定生产和产品的经济学理论，但在现代技术和市场条件下，决定生产首先不是看能生产什么，而是要看市场需要什么和以什么方式、什么价格需要多少，然后去分析生产的条件、可行性和效益前景，进而决定是否生产、生产多少和在哪生产、如何生产、何时生产。

---

① 谭波. 旅游策划与开发 [M]. 青岛：中国海洋大学出版社，2017：2.

在旅游开发中应突出资源依托、市场导向原则的特殊意义，首先在于旅游项目、产品全部都是为别人，也即为市场生产的，同样内容和功能的项目和产品，只要由生产者自行消费，就不是旅游项目和产品，这是由旅游的定义决定的。这一原则的特殊意义，还在于旅游资源转化为旅游项目和产品后，其外在特征变化不大，因此往往有人将旅游资源等同于旅游项目和产品，进而以为决定旅游发展状况和前景的主要是资源条件。所以，在旅游开发和发展中往往易导致只看到资源的重要性，而忽视了市场的决定性作用，没能开发出适合市场需要的项目和产品，直接影响到旅游开发和发展的效果。此外，长期的自然经济传统和计划经济实践，也容易使我国一些市场经济观念还不够普及和深入的地区，在旅游开发和发展中忽视市场的重要性。这类现象在经济社会发展水平相对较低，市场经济尚不发达的地区是客观存在的。

(二) 扬长避短原则

这个原则是指旅游项目和产品的开发必须坚持特色第一的方针，为了突出特色，就必须扬己之长、避己之短。

特色是产品的生命力、竞争力所在，没有特色的产品就是没有竞争优势和前途的短命产品。在市场经济条件下，强调产品和服务的特色，还基于分工和专业化以及生产和交换的基本理论。生产的分工和专业化决定了产品、服务的专门化与特色化，功能作用和外在形式都无差异的产品和服务是没有交换必要的。同时，在分工和专业化的前提下，存在着大量生产同类产品的厂商，这些厂商要顺利地销售掉其产品，更必须突出其在产品性能、特色和价格、服务方面的优势。在价格、销售方式特定时，产品的性能和特色就至关重要。因此，要交换以顺利地实现生产目的，产品和服务特色越鲜明、越突出越好。特色来源于生产经营者所具备条件的特殊性，当然是其中可资利用、有利于生产经营的因素，即其长处，而要设法避开与其他生产经营者比所存在的不足，即短处，要扬长避短。

在旅游开发中强调突出特色、扬长避短原则，特殊意义就在于，旅游吸引力最初就产生于文化的差异性，求新、求奇、求特、求知是主要的旅游动机和目的，它们还是实现求乐目的的重要途径。通俗地说，对于旅游者而言，所有其不了解、不熟悉的事物都会使之产生去了解、探求、体验、感受的动机，而自己所了解和熟知的事物通常是不可能对其产生旅游吸引力的，旅游的一个主要目的就是去了解、认识新、奇、特的事物和寻求新的感受、经历、知识。因此，旅游开发和生产必须特别重视特色。但实践中由于从事旅游开发的人多是生活在同质文化之中的，一方面会熟视无睹，即对旅游资源的价值认识不足，习以为常，看不出新奇和特色之处；另一方面又会在初期和一定阶段简单地学习其他地区、其他人的做法，因为这些往往是其所不熟悉而感到新奇有趣的，在项目、产品开发建设中生搬硬套，进行低水平的重复建设，开发出一些特色甚微的项目和产品，结果往往是东施效颦、弄巧成拙。

（三）围绕中心原则

这个原则是指旅游项目和产品的开发建设，必须在抓住中心的同时，注意协调配套，形成成熟的项目和产品。具体分析，这个原则的含义可以从以下四个方面来说明：

一是旅游开发建设必须明确主题，分析确定其最核心的内容、最主要的特色是什么。客观上，每个项目和产品都存在一个主题和中心，如民族文化旅游项目的中心和主题就是展示、表现、弘扬优秀的民族文化和进行民族文化的考察、学习、探索、交流。但是，不同民族其文化的精髓和特质又是不同的，体现民族文化的不同事物，如民族建筑、民族服饰、节庆习俗、艺术风格、哲学思想等也是不同的。因此，要逐层、逐项分析。

二是在项目和产品开发的各个环节、各个方面都必须始终注意突出、体现其中心、主题，不能随意规划、选择、建设、组合内容而形成没有主题、没有红线、没有特色的项目和产品。例如，生态旅游区项目的中心是感受、体验绿色生态及其所蕴含的思想观念，要求尽可能保持生态的多样性和原真性，减少人为的干扰、影响和破坏。相反，如果在生态旅游区建设嘈杂的现代游乐设施，甚至包括过多的旅游服务设施，就会使其主题、中心和特色受到损害。

三是在项目和产品的设施建设上要注意协调配套，一般行、游、住、食、购、娱的服务都要具备，且在等级、档次、规范等方面基本协调，不能畸高畸低，并逐步增加设施和服务的数量、等级，以增强可选择性。特别是要避免只顾项目自身的主体建设和功能的配套，忽视辅助性、服务性设施项目。如很多新开发的旅游区，往往都有公路和游览步道、大门和管理房等设施，但没有观景亭、椅子、凳子、垃圾桶、说明牌和指示牌等观景、休憩、卫生、信息服务设施，厕所不卫生，异味很重，水上游览项目的码头和游船过于简陋等。

四是在项目、产品开发建设的同时重视人员素质、管理和服务规范、企业形象和企业文化等软件的建设配套，以及项目、产品建成后的包装、品牌策划塑造和市场宣传销售等环节的配套和统一筹划，解决新开发项目硬件硬、软件软和硬件不硬、软件过软以及建设与管理、服务、包装、宣传、销售脱节等问题。

(四) 立足自身原则

这个原则是指旅游项目、产品开发建设要以自身的配套和成熟完善为立足点，同时必须环顾周边地区、相关区域的项目、产品，注意与周边地区、整个区域乃至全国旅游开发建设、旅游产品结构调整和布局的协调一致。就一般情况来说，立足自身，做好自己的事，是社会广泛提倡、反复强调的，因此是大多数人易于想到和能够做到的，但放眼全局往往被很多人在认识和实践中忽视。旅游开发要放眼全局的必要性主要来源于以下三个方面：

一是在市场经济条件下，任何生产经营活动都必须首先关注市场这个大局，包括市场需求特征及其变动趋势和相关生产供应商的动向及其对自身的影响。

二是大部分旅游项目，包括规模很大的旅游区，在大部分时候都不可能是独立销售和完全独立供旅游者消费的，必须与区域内的其他项目、周边和其他地区的旅游项目共同组合成产品、线路、目的地。因此，一定区域内的旅游项目之间存在着密切的互补或竞争关系，在开发建设新的旅游项目时必须认真分析其与其他项目的关系和自身在区域中、在旅游线路和产品中的地位、作用。

三是旅游项目最终还要受到大区域、全国乃至全世界的影响，对于某一个旅游区开发来说，首先是所在地区、周边地区、全省旅游开发、产品建设的目标和战略对其具有指导性作用，国家旅游发展政策方针和旅游产业发展规划、旅游区域和产品开发建设规划的影响也是全面而深远的。

简单地说，在旅游开发中应贯彻立足自身、放眼全局的原则，可以避免就事论事和只见树木、不见森林的倾向，有利于强化旅游开发和产品建设中的一盘棋观念，对保证旅游开发建设的整体效益和项目本身的长期效益有重要作用。

(五) 科学开发原则

这个原则是指在旅游开发中，要坚持科学合理的指导思想和行为方式，要注意对资源、环境的切实有效保护，防止和杜绝掠夺性、破坏性开发利用，实现永续利用和可持续发展的绿色产业目标。

资源是我们赖以生存和发展的基础，不能有效保护资源就会使我们失去生存和发展的根本。就彼此间的辩证关系来分析，科学开发是有效保护的前提，有效保护又是充分发挥资源效益、实现开发利用目的的前提。旅游资源大部分具有脆弱性、不可再生或不易恢复性特征，特别是其中的人文文化类资源和环境生态类资源，一旦在开发中性质、特征发生根本性变化，尤其是受到开发性、建设性破坏或侵扰、污染，要复原几乎是不可能的。同时也要认识到，人类所有的生产建设活动都是按照自身的需求去改变资源的性质和特征，以生产出能够满足自身需要的产品。如果将这种改变资源性质、特征也都看成对资源的破坏，就不会有人类的生产活动，也就不会有人类及人类社会的存在和发展。更为重要的是，如果因为担心在开发中会受到侵扰、破坏就禁止或严格限制开发利用，坚持严格保护、保护第一、保护唯一等原则，还可能因资源的价值没有及时体现，特别是没有较好地转化成经济收入，没有使区域内和附近地区居民、企业、政府从经济利益上感受到资源的价值，就很难使其对保护资源必要性的认识广泛深入，相关方面特别是生活在其中的人们保护资源的内在动力就很难产生。这样，有效保护的目的就很难实现，结果往往是资源以更快的速度、更大的力度被破坏。

就现实针对性来说，科学开发、有效保护与保护第一、利用第二或严格保护、合理利用的区别不仅仅是文字上的提法不同，实际上是对利用与保护的辩证关系不同的理解和处理方式。而且，笼统地提第一、第二和严格保护，在具体执行中也难以把握，结果往往是因此限制了对资源的开发利用，最终结果常常是导致资源保护自身受到很大影响。严格、第一等是就态度和定位而言的，其实践结果很难判断，可以用"态度是严格的、定位是突出的，但由于条件所限或者方式不科学、措施不得当，所以产生了不好的结果"来搪塞、推脱；而有效保护是从结果来判断的，即无论态度、定位、方法、措施、条件如何，判断和考核的结果只有"效果"——保护好了就是"有效保护"，没有保护好就不是"有效保护"。[①]

四、旅游开发的内容

从地方旅游产业发展的角度出发，旅游开发的内容主要包括以下八个方面。

（一）景区、景点的开发与建设

旅游开发的直接目的是通过旅游地吸引力的提高来吸引更多的游客到访，而这一目标的实现则要靠旅游景区、景点或其他类型旅游吸引要素的开发、建设与营造，因此，旅游景区、景点等吸引要素的开发、建设往往成为旅游地开发的核心内容，并以此为基础进行相应的配套设施建设。

旅游吸引要素的开发、建设，从内容和形式上说，既可以是对尚未被利用

---

① 蔡家成. 朝阳 智慧 财富 旅游开发与发展探索 [M]. 北京：中国旅游出版社，2016：15.

的旅游资源的初次开发，也可以是对已经利用了的景观或旅游吸引物的深度开发，或进一步的功能发掘；既可以是对现实存在的旅游资源的整理与加工，也可以是从无到有、一个新景点的创造。

(二) 构建系统的旅游服务体系

旅游服务体系实际上是旅游产品开发的一部分。

从旅游供给的角度讲，旅游服务既包括以市场为主体的商业性旅游服务，也包括公益性的非商业旅游服务。

以市场为主体的商业性旅游服务，多指当地旅行社企业的旅游产品设计与导游、翻译等服务，交通部门的客运服务，饭店企业的食宿、餐饮、娱乐服务，商业部门的购物服务，以及其他部门向旅游者提供的营业性接待服务等等，他们以盈利为目的，是地方旅游产业发展的主体。

公益性的非商业旅游服务，主要指当地政府、社区、社会组织等为旅游者提供的公益性服务，如由政府投资建设的城市游客中心向游客提供的旅游咨询服务，出入境管理服务，以及当地社区、居民为旅游者提供的其他义务服务。这些服务大多是免费的，少部分象征性地收取一定费用（成本费）。

在旅游开发活动中，必须注意服务体系的完善，不能为追求商业利润而只进行商业性服务的建设，而忽视非商业性服务的完善。实际上，非商业性服务在很大程度上反映着当地政府的旅游产业政策导向和管理、服务理念，也反映着当地居民对外来旅游者的友善态度和愿意为其服务的好客精神，对旅游者具有同样的吸引力和感召力。

(三) 提高旅游地的可进入性

可进入性是指交通条件，即旅游六要素中的"行"。

"行"是旅游六要素（食、住、行、游、购、娱）中最关键的要素之一，它本身既是旅游的过程，又是旅游实现的必要条件。

在旅游学理论中，界定是否是旅游活动的基本条件之一就是旅游者是否发生了身体的位移，亦即旅游具有异地性的特征，只有当一个人从其常住地到达另一地时才属于旅游，而要实现这种身体的位移则必须借助于交通条件。可以这样认为，没有一定的交通设施和交通条件，旅游活动就不可能实现。特别是在现代旅游业中，旅游地都把吸引远距离或境外游客作为主要目标，如果没有方便的空中、海上和陆上交通设施和工具，远距离旅游是根本不可能实现的，开拓远距离市场或国际客源市场，只能是一句空话。因此，在旅游开发问题上，交通的重要性并不亚于旅游景点和旅游接待设施建设。如果某地的旅游资源十分丰富，但交通状况恶劣，游人难以进入，即旅游者接近、抵达目的地的可能性小，那么它的旅游价值将大大降低，所以旅游开发必须包括提高旅游地的可进入性。

可进入性不单纯指旅游者由外界抵达旅游目的地的过程，它实际上包括两个方面的内容：一是客源地与目的地之间的交通条件；二是旅游地内部的交通条件。即要"进得来、散得开、出得去"，让旅游者既来得顺利、玩得开心，又去得方便。因此，提高旅游地的可进入性，不仅包括发展旅游地同外界的交通联系，而且要改善旅游地内部的交通、通信条件；不仅包括交通线路的建设，而且包括交通工具的配备与改进；不仅包括硬件设施配置，还包括管理、安全保障、服务等软件的加强与完善等。

(四) 建设和完善旅游配套设施

一定的设施是旅游活动得以顺利进行的必要条件，也是旅游开发的重要环节。旅游学中一般把旅游配套设施按服务对象分为两大类：基础设施和上层设施。

旅游基础设施的主要使用者为当地居民，但也必须向旅游者提供服务或设施。它主要包括一般的公用事业设施（如供水系统、排污系统、供电系统、电讯系统、道路系统以及机场、车站、码头等）和满足现代社会生活所需要的基本设施或条件（如医院、银行、食品店、公园等）。

旅游上层设施是指那些虽然也可供当地居民使用，但主要供外来旅游者使用以便更好地发展旅游业的服务设施，如宾馆饭店、旅游咨询中心、旅游商店、某些娱乐场所等。

旅游配套设施建设一般投资较大，周期较长，因此其建设规模、规格、布局等一定要经过严格的论证，并且要相互配套和协调，以避免设施的不足或浪费。

(五) 注重环境与资源保护

任何事物都有发展变化、衰败乃至消亡的过程，旅游资源也不例外，这是不以人的意志为转移的自然规律。任何旅游资源都是存在、生存于一定的环境之中，其存在环境的好坏对于资源本身的安全非常重要，而那些被自然的或人为因素破坏或损害的旅游资源，若不及时加以保护、整治和修复，就会继续衰败，甚至会完全消失。所以，旅游资源也需要科学利用与有效保护，也需要像厂房、设备那样定期检查和维修。

对旅游资源进行有效的保护，及时进行检查和维修，是旅游开发的重要内容。旅游资源保护的内容主要包括以下几个方面：

（1）建立完善旅游资源开发、保护的法律法规与政策体系。

（2）划定资源区保护的范围和等级，进行分类、分级保护。

（3）积极培育、优化资源区生态环境和旅游资源的生存环境。

（4）做好监督管理，防止旅游污染和破坏行为，并制定有力措施，严格执行。

（5）加强文物古迹的保护，确保不被破坏和倒卖。

（6）对已经受到损坏的旅游资源进行及时、有效地维护和整修，恢复其原貌。

（六）人文社会环境的培育

旅游地的人文社会环境也是吸引旅游者的重要因素。

一个国家或地区的旅游政策、出入境管理措施、政治动态或社会安定状况、社会治安、风俗习惯以及当地居民的文化修养、思想观念、好客程度等等，都能够直接或间接地对旅游者产生吸引或排斥等作用，从而影响旅游开发活动的效益。因此，培育、塑造一个和谐友好的、有利于吸引旅游者的人文社会环境，也是旅游开发的重要内容。人文社会环境的培育应包括：

（1）制定有利于旅游开发和旅游业发展的旅游政策。

（2）制定方便外来旅游者出入境和往来的相应管理措施。

（3）有稳定的政治环境和安定的社会秩序。

（4）提高当地居民的文化修养，培养开放意识和旅游观念，养成文明礼貌、热情好客的习惯。

（七）积极开拓和扩大客源市场

旅游开发实际上是在两个方面进行的，一是旅游地有关设施的建设和完善，二是客源市场的开拓，两者缺一不可。

旅游开发实际上就是产品生产，而市场开发则是把产品卖出去。如果仅仅只是进行旅游地的有关建设，而不进行市场开发，扩大到访游客的规模，就会造成产品滞销，使开发活动有劳无功；而如果只是一味地进行市场宣传，甚至进行虚假宣传、欺骗促销，则更可能因小失大，贪一时之功而失长远利益。因此，旅游开发，必须将旅游地建设和市场开拓结合起来，双管齐下，互动发展。

（八）构建支持保障体系

任何目标的实现，都需要特定的支持保障措施。旅游开发和旅游业发展更是一个涉及面广、关系错综复杂的综合性工程，需要有力和高效的支持保障。

对于地方旅游产业发展来说，旅游开发的支持保障体系，主要包括五个方面：

（1）法律、法规与规范。包括国家、地方有关促进旅游产业发展、规范旅游开发行为的各种法律、法规、标准等。

（2）旅游体制改革与旅游管理体系建设。改革传统计划经济的管理体制与管理模式，建立一个科学、合理、高效的旅游管理体系对地方旅游业发展和旅游开发活动进行统一的管理和有力的协调，对于旅游业的持续、快速、健康发展是至关重要的。

（3）财政支持。市场运作并不等于政府完全"退市"，政府在基础设施、项目建设等领域进行引导性投资，对于引导民间资本向旅游产业的流动、树立民间投资旅游业的信心有很大的促进作用，而在旅游营销领域，则主要依靠政府的直接营销和组织营销。

（4）旅游人力资源开发。旅游开发的决策者、组织者、实施者或服务者，旅游管理部门的政府公务员、投资商、旅游企业的管理与服务人员等，是旅游开发活动的实施主体。人才素质的高低既能够影响旅游开发的质量，也能够在一定程度上增添或减少旅游地对旅游者的吸引力。因此，旅游人力资源开发是地方旅游开发的重要环节和不可或缺的内容。

（5）优惠政策等。通过优惠政策来促进产业发展、吸引投资，是在特定历史时期和社会发展阶段采取的权宜性措施，但这种措施的确能够起到实际性的促进、推动作用，因此，在现阶段国民经济还不是非常发达的特殊历史时期，通过一定的特殊政策，给某些投资领域以不同于其他领域的特殊优惠是必要的，前提是不能顾此失彼，优惠了投资商而损害了其他人，特别是社区的利益。

总之，旅游开发是一项综合性的系统工程，它不仅仅是对旅游资源的开发或旅游景物的建设，而是以旅游吸引要素建设为中心，进行的各种有关设施建设、产品组织、自然环境和资源保护、人文社会环境培育等一系列内容的综合性社会经济活动。

第二章 城市旅游规划与开发

城市是历史文化积淀与现代建设成就的主要载体，是社会物质文明与精神文明集中展示的窗口。可以说，一个城市其实就是一座开放的历史博物馆，其中蕴含许多值得人们观赏与品评的精彩之处。因此，城市旅游逐渐成为现代旅游的一项重要内容。本章首先分析了城市旅游的相关基础性知识，进一步探讨了城市休闲旅游要素的规划，最后详细地论述了城市旅游产品的开发策略等相关的内容。

第一节 城市旅游概述

一、城市旅游的基础——城市

（一）城市的起源发展

城市是社会经济发展的必然产物。[①] 也就是说，当社会经济发展到一定阶段必然会出现城市。从本质上讲，城市主要是就其政治、经济和文化的作用而言，尤其是指一种不同于乡村生活方式的经济生活。因此，人们可以认为，城市是一个人口集中、非农业各类产业发达、居民以非农业人口为主的地区，通常是周围地区的政治、经济、交通与文化中心。由于各个国家和地区经济发展的水平不同，城市出现的时代也就有了差异。

学术界关于城市的起源有三种说法：一是防御说。人们建城郭的目的是不

[①] 陈高宏，吴建南，张录法. 城市治理的金山实践［M］. 上海：上海交通大学出版社，2018：178.

受外敌侵犯。二是集市说，即人们认为随着社会生产发展，人们手里有了多余的农产品、畜产品，需要有个集市进行交换。进行交换的地方逐渐固定后，聚集的人多了就有了市，后来就建起了城。三是社会分工说。随着社会生产力不断发展，一个民族内部出现了一部分人专门从事手工业、商业，一部分人专门从事农业。从事手工业、商业的人需要有个地方集中起来，进行生产、交换，所以才有了城市的产生和发展。

早期的人类居无定所、随遇而栖、渔猎而食。但是，在对付个体庞大的凶猛动物时，三五个人的力量就显得单薄，只有联合其他群体才能获得胜利。随着群体的力量强大，收获也就丰富起来，抓获的猎物不便携带，需要找地方贮藏起来，久而久之便在那地方定居下来。通常人类选择定居的地方都是些水草丰美、动物繁盛的处所。定居下来的先民为了抵御野兽的侵扰便在驻地周围扎上篱笆，形成了早期的村落。随着人口的繁盛，村落规模也在不断地扩大，猎杀一只动物，整个村落的人倾巢出动就显得有些多余，且不便分配，于是村落内部便分化出若干个群体各自为战，猎物在群体内分配。由于群体的划分是随意进行的，那些老弱病残的群体常常抓获不到动物，只好依附在力量强壮的群体周围获得一些食物。而收获丰盈的群体不仅消费不完猎物，还可以把多余的猎物拿来与其他群体换取自己没有的东西，于是市就逐渐形成。与此同时，在另一些地方，生活着同样的村落，村落之间常常为了一只猎物发生械斗。各村落为了防备其他村落的侵袭，便在篱笆的基础上筑起城墙。《吴越春秋》一书有这样的记载："筑城以卫君，造郭以卫民。"[①] 城以墙为界，有内城、外城的区别。内城叫城，外城叫郭。内城里住着皇帝高官，外城里住着平民百姓。这里所说的君在早期应该是猎物和收获很丰富的群体，而民则是收获贫乏、难以养活自己、依附在收获丰盈的群体周围的群体。人类最早的城市其实具有"国"的意味，这就是人类城市的形成及演变的大致过程。这些过程大约发生在原始社会进入奴隶社会期间，所以，城市是原始社会向奴隶社会发展过程中产生的，也是私有制社会的产物。世界上有不少古代文明的地区，城市产生的时期有先有后，但几乎都在这个社会发展阶段之中。

到了奴隶社会，城市主要是供应帝王与贵族消费的需要，其特点表现在三方面：一是国王与神权相结合，城内集中了大量的寺庙建筑，因而城市也为宗教中心；二是城市一般都建在地形有利及大河流域等地段；三是城市有明显的防御目的，都筑有城墙和深壕沟，表现了强烈的阶级对立。例如，中国奴隶社

---

① 麻进余. 文化自觉与文化自信视域下的城市文化建设研究 [M]. 北京：现代出版社，2019：51.

会的城市是在奴隶主的封地中心——邑的基础上发展起来的,这些城市按照奴隶社会的等级制度来限制其规模大小:帝王都城方九里,诸侯的都城分别为方七里及方五里。这种所谓棋盘式的规划模式对以后历代的都城布局有着很大的影响,同时说明几千年以前,我们的祖先就创造了古代的城市文明。

封建社会由于生产力的进一步发展,不但城市数量增加,城市人口也慢慢增加。我国比较有代表性的封建社会城市有唐长安城和明清北京城等。特别是明清时期的北京城,是中国封建社会后期都城的代表。明北京城是在元大都的基础上建造的,城市由三组城墙所组成:中心为封建统治的代表——皇帝居住的紫禁城;外面是皇城,居住着内府的官员和贵族;外城为一般市民居住。北京不但在平面布局上表现了古代都城的规划制度,在总体的布局艺术方面也体现了我国古代都城的布局手法。

真正意义上的城市是工商业发展的产物,如13世纪地中海沿岸的巴塞罗那、威尼斯等都是重要的商业和贸易中心。工业革命之后,由于农民不断涌向新的工业中心,城市获得了前所未有的发展。到第一次世界大战前夕,英国、美国、德国与法国等经济发达国家,绝大多数人口已生活在城市里。这不仅是富足的标志,而且是文明的象征。

(二) 城市的主要类型

1. 根据性质进行分类

城市性质是指某一城市在国家或地区的政治、经济、文化、社会发展中所处的地位和所起的主要作用,也指在全国城市网络中的分工和职能,一般可视为城市的个性和特点。

(1) 工业城市

以工(矿)业为主,工业用地及对外交通运输用地占有较大的比重。这类城市又可分为两类:一是多种工业的综合性工业城市,如沈阳、常州、黄石等;二是以单一工业为主的城市,如石油工业城市大庆、钢铁工业城市鞍山、矿业城市抚顺、森林工业城市伊春等。

(2) 交通港口城市

这类城市往往是由于对外交通运输而发展起来的。有铁路枢纽城市,如徐州、鹰潭、襄樊;海港城市,如湛江、大连、秦皇岛;内河港埠城市,如蚌埠;水陆交通枢纽城市,如上海、武汉等。

(3) 各级中心城市

一般都是省城及专区所在地,是省和地区的政治、经济和文化中心。如杭州市为浙江省府,宁波、温州都曾是专区所在地。

(4) 县城

县城是一个县的政治、经济和文化中心，是我国数量最多的小城市。

(5) 特殊职能的城市

拥有较为特殊的环境、历史或地理位置，如风景旅游城市桂林、革命纪念城市延安、经济特区城市深圳、边防要塞瑞丽等。

城市的性质往往是综合性的，只不过以某种性质为主而已。例如，杭州是一个省会城市，有着相当规模的工业，但在城市性质的提法上，首先突出为全国的风景旅游城市。这并不是说杭州的工业不如旅游业，而是突出了其在全国城市网络中的地位和主要功能，因而该城市的工业等其他产业的发展要服从或服务于发展风景旅游产业的需要。城市的性质也不是一成不变，会随着国家政治、社会、经济的发展和城市本身各种条件的变化而改变。例如，邯郸原是以纺织为主的轻工业城市，后来因附近发现大铁矿而发展成为以钢铁、纺织为主的工业城市。

2. 根据旅游观赏视角进行分类

中国最有魅力的城市大体上可以分为历史文化名城、风景旅游城市、现代旅游城市（商埠、特区等）。

(1) 历史文化名城

历史文化名城是指具有较高历史、文化价值，地上和地下文物较多且集中分布的城市。它们从不同的侧面和领域反映了中华民族的历史，可分为古都、特殊政治意义名城、纪念名人名城、园林文化城市、少数民族地区名城、历史港口和手工业中心城市。这些城市中最引人注目的是西安、洛阳、开封、南京、杭州、北京等著名古都，其魅力毋庸置疑。作为千年帝国的政治文化中心，它们往往也是我们民族文化的精华所在。尽管这些精华的聚集是皇家特权所致，但聚集本身却是不争的事实。这些精华因历史的积淀而愈加厚重，因岁月的磨洗而愈见光辉。因此，这些城市中往往有着丰富的古迹可供寻觅，有湮灭于历史长河中的遗址可供凭吊，也有离奇的传说可供遐想。包括这些城市小巷里的民风民俗，也会有一种古老而悠长的韵味。

此外，在国务院首批公布的 24 座历史文化名城中，还有遵义、延安、曲阜和拉萨这四个"圣地"。[1] 这些"圣地"同样风采各异：遵义的雄奇、延安的质朴、曲阜的古雅、拉萨的神秘，构成了另类古城独特的魅力。

(2) 风景旅游城市

风景旅游城市是以自然山水为基础形成的城市，当今又以旅游功能为主，

---

[1] 马洪元. 城市旅游指南 [M]. 天津：南开大学出版社，2010：8.

如桂林、杭州、青岛、厦门等。其中尤以滨城的旅游功能最为明显。滨城，顾名思义就是"水边的城市"。

(3) 现代旅游城市

现代旅游城市尤其是商埠、特区是以现代工业发展起来的城市。由于区位条件好，注意城市生态环境建设，建筑、园林、主题园都有特色，旅游是城市功能之一，商业、都市观光、节庆等都很活跃，如深圳、珠海、上海等。

作为经济特区，深圳等城市相当自觉地把市场经济当作了自己的经济模式。传统的商埠是历史的遗产，而新兴的特区则是改革开放的产物。总之，特区是一种既迥异于古都名邑，也不同于重镇商埠的全新城市。它们的共同特点是经济发展水平高，城市公共设施好，展示着中国城市现代化的美好前景。

二、城市旅游的概念

城市是人类生存发展的最重要空间场所，是人口经济、物质和文化的集中地，也是旅游者进行游憩活动的重要场所。城市旅游指依托城市设施，以其现代化、便捷性和独特的城市游憩资源以及周到的服务对旅游者产生巨大的吸引力，并成为重要的旅游目的地。城市作为一个整体的吸引物被旅游者所感知，在向旅游者提供独特旅游体验的同时，城市凭借其强劲的综合实力和相对完善及比较发达的食宿、娱乐、休闲、通讯、购物等设施，具备了旅游管理、接待、集散和辐射中心的功能，也使得城市成为旅游目的地与旅游客源地的统一体。可以说城市是旅游发展的空间载体，而旅游则是城市功能的重要组成部分。

城市旅游开发需要遵循如下原则：区域整体性、生态性、可持续、公平、充分的信息与沟通、地方公众主导、规划分析优先、良好的规划监测。从国际旅游业发展经验看，世界各国几乎都是以城市旅游作为整个国家旅游业的"窗口"。

在"自下而上"与"自上而下"两种城市化模式的推动下，我国城市化进程迅速。我国城市数量不断增多，规模不断扩大。虽然城市化在空间上呈现不平衡的发展态势，但在新的全球秩序下发展中国家很难从依附城市化中逃脱。未来数十年，城市化仍将是我国经济社会发展的主要动力和空间演化特征。经济全球化要求城市发展具有全球视野，随着城市多元化功能不断拓展，城市旅游竞争变得更为激烈，日益严峻的城市旅游发展同质化问题引发广泛关注。面临新经济形势下新的挑战，在旅游资本投入持续增长的背景下，我国各种类型和规模的城市旅游发展过程中的资源投入及其反馈能力之间的空间差异较为明显。城市旅游发展阶段与城市所处的空间区位和经济发展水平具有较强的相关性，如经济发展水平较高的城市往往具有较大规模的旅游发展要素投入等。考虑到城市（一个包含复杂输入输出要素的系统）在旅游产业生产过程中投入要素的可控性，基于绩效差异的城市旅游发展阶段演化特征等分析，可以为正在进行大规模城市更新和改造的城市旅游发展实践提供理论参考和政策依据。

三、城市旅游的特点

（一）城市功能完善

城市功能的完善是城市旅游日趋兴盛的首要原因。城市化是现代社会经济发展的重要组成部分。随着城市的发展，城市在国家及区域的中心地位日渐突出，其功能也日益完善。如商业、金融、工业、生产服务的功能都集中于城市，带来了会议、展览和商务旅游；城市还提供了大量的文化、艺术和娱乐方面的体验，从而使现代城市不仅作为进出国家的门户，国家或区域政治、经济、商贸、文化和信息的中心，也日渐成为广大旅游者向往的旅游目的地。城市旅游功能的增强使城市职能不断拓展，除兼具其他诸多中心职能之外，也逐渐成为地区、国家及区域的旅游活动中心。尤其是大城市，它是一个高度复杂的、综合性的有机体，政治、经济、科技、文化、教育等多方面发展，其内涵极其丰富。这就使得城市旅游不同于单纯的海滨度假旅游或山地湖泊旅游，而在旅游功能上表现出多元化的特点。除了传统的观光旅游，城市还可满足多种旅游需求，提供包括商务、购物、会议、度假、修学、美食、生态等在内的多种旅游功能。同时，作为区域的交通、信息中心，城市的旅游集散功能还为该地区其他旅游景区输送大量的客源。

（二）城市服务优质

在信息高度发达的今天，城市旅游业务所涉及的各个工作环节已不再仅仅是传统的住宿、饮食业务，而是一个更为广泛的服务性行业。完善的城市道路交通体系，众多的旅游星级饭店和星级餐馆、地方特色餐馆不仅以游客为中心，提供优质、方便的服务，给游客一种至上的感觉，而且还有旅游导示系统（道路指示牌、地名牌、景区导示牌、旅游地图广告牌、旅游咨询服务中心），及时为各地游客提供服务。有的城市的主要街区还有中英文对照的路牌；涉外单位有合格的国际语音环境；城市夜市有向市民和旅游者提供购物、娱乐、餐饮、旅游的项目；星级饭店和社会饭店还有良好的公共卫生和健全的安全工作制度；餐馆就餐环境整洁，并严格执行食品卫生、保鲜等有关法规和标准；对导游素质（语言、产品知识、接待不同市场或文化背景游客的技能、社会技能、职业道德）也有明确的规定；甚至公共厕所设施的便利性和位置也提到议事日程上。

(三) 主题十分明确

对于许多新兴的旅游城市而言，旅游业正逐步成为当地经济发展的支柱产业。在这一发展过程中，把旅游城市作为旅游目的地进行科学的整体规划是旅游业大力发展的前提条件。在整体规划中所涉及的因素很多，主题定位是其中最为重要的因素之一，它是旅游目的地发展的核心和指导，有助于明确旅游发展定位以及旅游城市的整体营销，形成旅游者心目中对这个旅游目的地的形象。

因此，凡列入优秀旅游城市名录的城市都拥有利用当地特有文化和旅游资源优势塑造的主题形象，并围绕该主题来发展旅游业。有的是建立在对旧有城镇的特别文化和旅游资源的改造上，有的是保持城镇原生态和文化氛围，在符合原居民生活要求的同时，尽量满足外来游客的需求。当然，这些城镇同时因为原居民的居住而富有特别的活力。这些城市注重旅游资源的独特性和地区垄断性、文化的民族性和地方性，能充分利用当地传统的文化资源塑造独特的主题旅游形象。而且，无论是自然环境还是社会环境、建筑风格还是民风民俗，都能体现城镇的特色和主题。

(四) 具有文化优势

城市是人类活动的聚集地，社会文明与进步、生产力发展水平的重要标志，包含了某一国家或地区在一定历史时期内人类活动各方面的历史。城市更是建筑精华的荟萃之地，每一个民族文化都产生了它自己的建筑，此种建筑随着其隶属的文化而兴衰，这一现象在城市建设方面表现最为突出。

纵观不同的旅游城市，其建设模式主要有两种：一种模式是基于经济发展需要，由一个中心逐渐向外扩张，形成一个大体呈圆形的城市。中心包括广场、市场、各种机构等，道路成辐射状。外围可能有城堡或城墙，也可能没有城墙。这类城市都有一个较长的发展过程，而没有统一的兴建计划，是各个时期的现实需要在指导着城市的兴建。欧洲的城市多为此种模式，因而被称为"欧洲型"模式；另一种模式是基于政治和军事的需要，根据深思熟虑的统一规划在短期内兴建而成。一般是首先筑起城墙，再向内部发展，中心是政权机构，周围是若干市场与礼制型建筑。整个城市呈方形或矩形，街巷横平竖直，并且对称于中轴。中国的城市多数此种模式，因而被称为"中国型"模式。

这两种城市模式反映出两种截然不同的文化传统。

(五) 旅游季节性弱

城市旅游的季节性并不明显,这是由客源和景点的共同因素造成的。从客源角度,城市旅游的重要组成为商务游客,他们的出行是出于工作或业务的需要,因此不需要受假期的限制和季节的影响；只要是工作需要就会随时出行,一般都利用工作时间。在本国旅游度假的旺季,他们出差办事的可能性还会较低,因为他们自己也可能要和家人一起度假。同样,对于短途的旅行,他们的往返和动身以及在目的地的停留还会集中于周一到周五的工作日期间,以便于开展工作,而很少选择周末的休息时间。此外,城市旅游的另一组成——家庭事务型旅游者外出的目的是涉及处理个人家庭事务,在出游的时间上一般无法利用带薪假期和传统的节假日,主要是根据家庭事务的需要来确定出游时间,所以外出的季节性较弱,仅表现在传统节日的亲友团聚。至于购物型旅游者的季节限制更不强,全年都可进行购物旅游活动。从景点构成角度,城市所提供的,主要是文化型旅游点,大都在室内,不会像自然景观那样由于季相的明显变化而降低甚至失去吸引力。旅游者要细细体验当地文化,也不大会与观光旅游者共同选择旅游旺季,所以客流的季节性不太明显。

(六) 旅游自助性强

与风景名胜区所接待的游客多以观光度假为目的不同,访问城市的游客多以商务、会议和公务为主要目的,此类游客往往都有一定旅游经验,多属于喜欢追求个性的散客市场,这就决定了城市旅游的自助性。这一特点不仅使游客能根据自己的需要和兴趣挑选景点和旅游线路,使游客得到更大的满足,更可延长部分商务游客在该市的停留时间,或使游客在该市参观游览的景点有所增加,在整体上可增加游客在该市的各种消费,从而增加了该城市的旅游总收入。此外,由于旅游城市的交通极为便捷,服务设施齐全,景点之间的距离一般不大,十分有利于游人随心所欲地随意进行观赏。

(七) 国内外旅游主客融会

城市旅游的特点之一是国际旅游与国内旅游并举,接待外来游客与输出本地游客并举,是旅游目的地与客源地的统一体。本市居民的休闲活动与外来游客的旅游活动交织相融,是发展城市旅游的一大要点。城市旅游的这些特点反映了城市旅游的统一性,这主要表现在两个方面：一是城市旅游主体的统一性,即城市居民既是城市游憩者,又是城市旅游接待者。二是旅游客体的统一性，即作为城市旅游对象的旅游城市既是城市旅游的目的地，又是其他旅游城市的重要客源产出地，是旅游目的地和客源地的统一。

第二节　城市休闲旅游要素的规划

本节以城市近郊生态休闲旅游度假区规划设计为例来分析和论述城市休闲旅游要素的规划。

一、城市近郊生态休闲旅游度假区

城市近郊即是城市周边靠近郊区的地理环境，生态休闲是自然环境与休闲娱乐并存的旅游环境，而度假区是在旅游过程中为人们提供综合性服务的住宿环境。传统度假区形式单一，产品功能主要为住宿，但随着市场经济与科学技术的发展，智能化设备代替了人工生产提高了工作效率，富裕的生活也允许人们更追求休闲和享受，因此推动了旅游产业的进步。度假区作为旅游产品之一，为满足游客需求也开始不断创新发展，综合性和实用性极强。优质的度假区应具备的条件有：其一，娱乐设施齐全，服务项目完善；其二，能满足游客的度假、休闲、娱乐及疗养需求；其三，周边需要有自然环境景观，如将度假区设置在海边、湖边等。[1]

二、城市近郊生态休闲旅游度假区景观规划设计

（一）生态环境

一般来讲，近郊度假区本身是一个可以自我调节的生态系统，对游客的包容能力较强，所以设计度假区应将自然生态环境作为规划的基础。传统度假区的主要缺陷在于环境污染，运营过程中产生的污水、废气、垃圾、噪声等污染严重影响了水环境、大气环境、土壤环境和声环境，新型的生态休闲度假区要加以改进和完善，合理排放、净化环境、循环利用，为旅游者提供良好的旅游环境，还要为周边居民的正常生活提供保障。在构建生态环境时，要尽可能利

---

[1] 周立. 基于统筹理念的都市近郊地区规划设计——以郑州中牟北部片区为例 [J]. 智能城市，2018（20）.

用现有资源,既能节省成本开支,又能提升观赏价值,满足人与自然和谐共处的理念。

度假区设计时要考虑到项目所在地的环境承受力,通过局部到整体的开发维持生态平衡,使经济发展不以环境破坏为代价。为减少车辆尾气排放,度假区内可采用公共交通或步行的方法防止外来车辆进入,保护大气环境。为确保度假区的体验感,科学利用周边土地,要在区域的边缘区预留缓冲带,防止对周边环境造成负面影响。度假区内部平坦地区可用于土建施工,洼地可酌情设置人工湖,通过造景手段弥补自然环境的缺失,确保土地得到充分利用。度假景区应在保护自然环境不被破坏的前提下发展旅游区,确保"三废"得到循环利用。需要注意的是,度假区系统内部若存在环境污染问题将会直接影响到度假区的生态承受能力,所以应加强宏观调控,加强土地利用、保护自然环境、完善绿化设施,保持区域内部的生态平衡。

(二) 景观设计

景观设计要从当地文化和旅游主题入手,切合实际开发旅游产品,如海南度假区可以从海韵椰风入手,将文化与旅游相结合,确保客流量的持续增长。在景观设计前,应对项目所在地的地势地形、植被环境、建筑布局、文化内容等进行详细的了解,以此为依据确保景观设计的合理性。综合来讲,景观设计应满足四种原则:

其一,以人为本。旅游产业应针对消费群体设计产品,所以度假区设计应以人为本,迎合大众心理,在建筑布局、风格设计、饮食居住服务、娱乐设施等方面都要满足游客所需,为游客提供优质的服务。[①] 以人为本的景观设计能起到品牌效应,通过好评反馈增加客流量,增长经济利润。

其二,明确主题。休闲度假建设应满足主题要求,千篇一律的景观设计无法满足游客的求异心理,也容易随之时间的推移而被社会淘汰,所以要追求独特,利用主题吸引消费者。如国内的博鳌度假区主题为互信、自由与合作;国外的南安塔利亚度假区主题为人文、生态与健康。

其三,可持续发展。景观设计要注意生态化资源的利用,如太阳能、风能等,还要利用本地植物营造良好的文化气氛,在建筑时应降低能源损耗,科学利用可再生资源并循环利用,还要保护物种多样性,促进人与自然和谐共处。

---

① 罗翔. 基于循环经济理论的休闲农庄研究及规划设计——以贵州省毕节市彝蒙休闲农庄为例[D]. 昆明:昆明理工大学, 2017.

(三) 要素完善

首先，地形设计。平地相对视野宽阔，但坡地也能对气氛起到渲染的作用。不同地形作用也皆为不同，能使植被连绵起伏；能使建筑丰富生动；能使纪念物庄严肃穆；能使水景灵活别致。所以，设计人员应完善地形设计，在原有地形的基础上加以改造，优化空间布局，丰富景观内容。

其次，建筑设计。建筑设计主要分为度假酒店、度假别墅、展示厅、娱乐场馆等以及适当因地制宜的景观小品等，在设计时要结合当地文化，还要满足其功能需求。如展示厅建筑从外部参观应凸显文化特色；娱乐场馆要营造轻松愉快的气氛；度假酒店建筑要温馨雅致等。

再次，道路设计。道路分为外部交通和内部交通两种，外部交通主要采用陆路和水路两种，应结合实际情况选择科学的交通方式，若度假区位于小岛上方，水路则更为合适。内部交通形式多种，如普通车道、人行道、栈桥、缆车等，将根据内部实景设计道路。

最后，植物设计。植物设计分为规则型、自然型和抽象型。规则型的布局井然有序，对称分布，草坪植被都要协调工整；自然型主要以植物的自然生长规律为主，营造宁静、灵动、自由的田园氛围，一般植被还会配合水景，寻求乱中有序；抽象型是突出植被布局的艺术感和灵动性，构成的形状和内容并非实际存在。

三、城市近郊生态休闲旅游度假区实例探讨

这里我们以福州贵安新天地温泉旅游度假区为例，其以生态休闲为主要建设理念，将度假区建造成为休闲娱乐、观光旅游、户外活动、餐饮购物等全功能的场所，是我国东南地区面积最大的综合性生态旅游城，其度假区可以实现全年龄人员全天候游玩，其中贵安水世界及欢乐世界，结合独特的自然地貌和主题乐园的运作模式，通过先进的科技手段和唯美的装饰方法，为人们构建良好的异域风情。

首先，生态设计。度假区主要利用的原有生态资源为温泉资源、水资源，在结构上更具艺术魅力，其中的绿植多采用当地原有植物，植被分布在商业区、居住区、道路两侧以及绿地中，主要为生产性植物。场地内部的雨水要通过边沟排放，污水将利用内部的生物降解池进行处理后循环利用，不可利用的污水直接排入城市管网中集中处理。

其次，景观设计。度假区总占地三千多亩，蕴含深厚的文化底蕴，利用山水环境和清新的空气，被誉为"福州后花园，天然大氧吧"。景观设计可分为

娱乐区、商务区、产业区、购物区和居住区五种。娱乐区主要是花海拓展公园和国际大剧院剧院、贵安欢乐世界；商务区主要是会议酒店和高档宾馆；产业区主要是文化论坛中心、理疗馆以及度假产业等；购物区主要是购物广场；居住区主要是满足旅游和居住的度假公寓。

最后，要素完善。世纪金源奥特莱斯广场是文化传播的重要工具，并且外有福州百姓长廊，游客能直观领略到当地文化特色。另外创设国际创新中心基地，即电商、科技和医疗等多行业集合。

总而言之，度假区设计应注重其生态价值、休闲价值和观赏价值，通过明确项目背景和市场环境进行环境考察和规划，强化设计理念，发挥主体功能，通过功能分区为游客提供便利和快捷的服务，结合旅游路线和当地文化突出其特色。此外，度假区的设计还要从大众心理入手，确保满足游客的实际需求。

第三节　城市旅游产品的开发策略

一、熟悉城市旅游产品的概念和内容

城市旅游产品是一切城市旅游活动的基础，没有旅游产品就不可能开展旅游活动，城市旅游产品开发是城市旅游工作中最核心的部分，决定和影响着其他一切旅游策略的制定和选择。

（一）城市旅游产品的概念

通常人们并不把旅游活动中使用到的所有设施当作产品，而是指提供给消费者的一个整体的事物。① 旅游产品不同于一般意义上的产品概念。一般的产品概念是指任何为了引起注意、获得、使用或满足某种需求或需要而可以提供给市场的东西。它包括了实物、过程、服务、人员、位置、组织和计策，其主体是有形部分和实物部分。而旅游产品虽然有有形物，但更多是体现在无形的内容上，其整体概念性比较突出。一般的产品一旦购买后便可拥有它，但旅游产品则不行，旅游产品不能送到游客手中，只能让游客体验和感受。

从供给角度来说，城市旅游产品是满足旅游者在城市旅游活动整个过程中全部的产品和服务需要，包括旅游者对吃、住、行、游、购、娱以及其他方面

---

① 张兆干. 城市旅游 [M]. 贵阳：贵州人民出版社，2003：247.

需求（如形象、环境等）的全部内容。既有综合产品也有单项产品，如一条旅游线，一个专项旅游项目是综合产品；如住宿、饮食、交通、游览、娱乐、购物等是单项旅游产品。从需求角度说，城市旅游产品是旅游者支付一定的费用、时间和精力在旅游城市所获得的旅游经历以及对这种经历的总体感受和体验，是旅游者从离开家到回到家这一时间段内的整体经历。旅游者购买旅游产品并不是为了占有旅游产品，而是为了满足他们的旅游欲望和需要。旅游者在旅游过程中所追求的吃、住、行、游、购、娱是满足其旅游欲望和需要的表面形式，其内在的追求是一种旅游经历、一种感受和体验。

1. 城市旅游产品的层次

城市旅游产品根据其提供的内容、形式和性质，可以把城市旅游产品分成三个基本类型：核心旅游产品、形式旅游产品和延伸旅游产品。

（1）核心旅游产品

核心旅游产品是指旅游者购买旅游产品时所追求的旅游根本目的，是旅游者到旅游城市真正想要的经历体验。也是旅游城市旅游产品最基本、最具吸引力的旅游产品，是城市旅游的核心所在。只有核心产品才是城市旅游不竭的动力，是城市旅游发展的生命线。如大多数游客到黄山市旅游其主要目的是对黄山奇松、怪石、云海、温泉等四绝的真实体验，并不是到黄山市去享受五星级的服务。

（2）形式旅游产品

形式旅游产品是核心产品借以实现的形式和载体。即实现核心产品旅游中所提供的但不一定是必须却影响核心产品销售的旅游实物和服务。如城市旅游产品的质量、特色、风格、声誉、组合方式等。旅游企业应首先着眼于旅游者购买旅游产品时所追求的核心产品——最大利益，以求更完美地满足旅游者的欲望和需要，并从这一点出发去寻找核心产品得以实现的形式，进行旅游产品的开发和设计。

（3）延伸旅游产品

延伸旅游产品是旅游者购买核心旅游产品时所获得的全部附加利益，是旅游产品的附加价值。它包括提供给旅游者的优惠条件、付款条件，旅游产品的推销方式，信息咨询等内容。从旅游消费心理角度看，旅游延伸产品能形成对游客的独特吸引力，从而创造旅游者对旅游产品和企业的信任，有助于旅游企业保持和扩大市场。

2. 旅游产品组合

旅游产品不仅是一个整体概念，而且是一个组合概念。[①] 旅游产品的组合

[①] 舒晶. 旅游市场营销 [M]. 上海：上海交通大学出版社，2007：191.

有两层含义：一是指在同一个旅游城市可以有数个旅游核心产品，其间需要组合；或者不同城市间的核心旅游产品因旅游者的一次旅游需求要进行组合，是核心旅游产品的组合，对城市和区域旅游的发展具有重要意义。二是指旅游核心产品或综合产品是由多种单项的旅游产品形式和内容组合而成的，是几种产品的有机组合。例如，旅游者在一次旅游过程中住过的一个床位、乘坐过的一个座位、吃过的一顿风味美食、一次接送陪同、一次参观游览等内容都不能单独构成旅游产品，而是组合后才构成了旅游者一次旅游经历过程中的完整体验，才形成了旅游产品。旅游产品的组合是一种多层次的组合过程，即组合旅游产品的各单项产品中，又有次一级的产品组合。

3. 旅游产品的组合类型

旅游产品进行组合是旅游需求的客观，是销售过程的一种促销形式。表现旅游产品组合的形式很多，概括目前的旅游产品组合大致有以下几种类型：

（1）地域组合形式

这种产品组合是由跨越一定地域空间、产品特色突出、差异性较大的若干个核心旅游产品项目构成的。组合产品以内容丰富、强调地域间的反差为特色。这种组合按地域范围大小可以分为国际与国内两种组合形式。国际型组合，一般是在邻近国家或国内组合精品旅游以吸引国际游客，如新马泰游、北京—昆明游等。国内组合形式可细分为全国型、区域型等。国内型旅游产品组合是由国内相邻区域旅游城市之间组成的旅游产品，多适合于一般大众国内旅游。如西安—延安游、昆明—大理—丽江游等。

（2）内容组合形式

这种组合是根据旅游活动的主题选择其旅游组成部分。所选定的组成部分不一定受城市界线的限制，属于一种专项旅游形式。例如，中国古都游、明代皇陵游等大地域组合形式以及徐州汉文化游、南京六朝古迹游等一个城市内的组合形式。

（3）时间组合形式

就是依据季节的变化组合不同的旅游产品，如东北各城市的冰雪游，内蒙古各城市的那达慕节游以及各城市开展的春游和秋游活动。

（二）城市旅游产品的内容

1. 旅游供给产品内容

从旅游供给的角度出发，城市旅游产品包含了原始的旅游产品和派生的旅游产品。原始的旅游产品是指那些原本存在的可以吸引旅游者的物质和设施，是旅游活动必不可少的需求对象。原始旅游产品包括城市旅游资源和一般的城市基础设施。其中旅游资源是对旅游者具有吸引力的客观事物，包括自然景观和人文景观两大类。一般的基础设施是指社会居民共同可以利用的设施，这些设施向人们提供从事社会活动和经济活动的广泛可能性，给人们提供生活和活动的基础。原始的旅游产品是开展旅游的基础。

派生的旅游产品是指为了满足旅游者欲望和需求而开发建立起来的旅游吸引物和成果。它是原始旅游产品供给基础上经过整理的旅游补充物和旅游形式。派生的旅游产品包括旅游设施和旅游服务产品。其中旅游服务构成了旅游产品的核心内容，是旅游产品价值的主要体现。但旅游服务必须以旅游资源的存在为前提，以一般的基础设施和旅游设施为依据而进行。以上旅游产品在质和量上必须统一、协调，在最终的旅游市场经营中形成一个整体旅游产品，否则就会影响旅游产品的质量及其市场营销效果。

2. 旅游需求产品内容

从旅游需求的角度出发，旅游产品是指旅游者在付出一定的金钱、时间和精力的条件下所换取的一次旅游经历。这个经历包括旅游者从离开常住地开始旅游，到结束旅游回到常住地的整个过程及其对所接触的事物、事件和服务的全部内容和综合感受。根据旅游者对旅游产品各部分的需求程度与变动情况，旅游产品包括基本旅游产品与非基本旅游产品两部分。基本旅游产品是旅游者在旅游过程中必需的旅游产品，如吃、住、行、游、娱等，其需求变动较小；非基本旅游产品是旅游者在旅游过程中不一定需要的旅游产品，因此具有其变动较大，不易把握，如医疗保健服务、通信服务、购物等。这里对旅游产品内容的把握要特别注意旅游者对整个旅游过程的感受，既有直接的感受，也有间接的感受，可能因对一个不起眼的环节出现问题而影响整个旅游产品形象。从这一点看，旅游产品不能简单地理解为哪一个旅游企业提供的旅游产品的事，而应理解为以旅游企业为主体，整个社会共同提供产品的事。因而，发展旅游业，满足旅游者的需求，必须以社会经济、社会文化和社会文明为基础。

二、了解城市旅游产品的特点和生命周期

(一) 城市旅游产品的特点分析

旅游产品作为一种商品，具有一般商品所共同具有的属性，即价值和使用价值。但是，旅游产品又是一种特殊商品，有其特殊性。它的特殊性主要体现在以下几个方面：

1. 综合性

旅游产品的表现是一种整体的、组合的产品，具有显著的综合性特点。它

既有形成分，也有无形成分；产品供给上既有直接向旅游者提供旅游产品和服务的旅游行业，如旅馆业、餐饮业、游览点、娱乐场、旅行社等，也有间接向旅游者提供旅游产品和服务的其他行业，如工业、农业、商业、制造业、金融、文化、教育、卫生、公安等部门和行业。产品需求上几乎涉及人们日常生活的各个层面：吃、住、行、游、购、娱，甚至还包括工作和学习，因而有人说，旅游是人们的另一种生活需求方式。旅游产品的优劣，既有物质成分和精神成分的影响，也有生理成分和心理成分的影响。旅游产品的这种综合性，也决定了旅游产品的脆弱性，只要所涉及的行业和因素稍有波动，都会引起旅游产品数量和质量的波动，从而影响旅游产品价值和使用价值的实现。

2. 无形性

旅游产品中的重要内容是旅游服务。旅游服务是一种活动行为，不具备实物形态，无法被游客触摸或以数量衡量，具有无形性特点。尽管旅游产品中的旅游资源和设施是有形的，但是要靠旅游服务来显现。一条旅游观光线路，一项专项旅游活动，因贯穿它们始终的旅游服务是无形的而体现出无形性。旅游产品的这一特性特别强调提高服务水平和服务质量。当然在树立优质服务形象的同时，也应努力做好无形产品的有形化工作，借旅游资源、建筑设施、色调、气氛、员工仪表、价格等有形成分向旅游者传递无形服务方面的信息，使他们通过这些有形成分能感受到服务的存在。

3. 生产即时性

城市旅游产品的生产过程，就是旅游服务的提供过程，是旅游从业者借助一定的旅游资源和设施为旅游者提供即时服务的过程。在这个过程中，旅游者在消费的同时也参与了生产过程。其生产过程以旅游者的到来和离去为始末。没有旅游者就没有旅游消费，旅游产品就不能完成向销售的转换。旅游产品生产的即时性不仅表现在时间上与旅游消费同时发生，同时结束；还表现在空间上都以旅游城市为活动舞台。旅游产品生产的即时性要求旅游服务要有预见性、主动性、灵活性和高效性，并特别强调即时的全员促销活动。

4. 不可贮存性

旅游产品的消费过程是一个即时过程，是不可贮存的。虽然旅游资源、设施设备及劳力可以事先准备好并贮存起来，但这些内容仅仅代表了旅游产品的生产能力，没有游客的消费就不能完成旅游产品的营销。另外，旅游者购买旅游产品只是购买的一定时间内的某个活动空间，受时间因素的限制。可以说只要时间不同，则旅游产品就不同。时间的不可贮存也导致了旅游产品的不可贮存。因此，我们要特别注意旅游产品的即时销售，把旅游接待能力最大限度地、最快地转化为旅游产品。

5. 不可转移性

有形产品在流通过程中表现为物流与商流结合在一起，产品的所有权发生转移，产品需要经过运输和转移才能到达消费者手中。旅游产品在流通过程中只有商流而没有物流，产品的使用权发生转移，而所有权并不发生转移。旅游产品无法运输，只有旅游者趋近旅游产品，到旅游目的地进行消费。旅游产品的购买和消费是以旅游者的活动来实现的，它的流通不以物流形式出现，而是以旅游产品的信息传递以及旅游者的流动表现出来。因此，旅游企业应加强旅游促销活动，准确快速地向旅游市场不断传递旅游产品信息，以信息的传递带动旅游者的流动，以增加旅游产品的销售。

(二) 城市旅游产品的生命周期

旅游产品和任何事物一样，从诞生开始到衰亡，有其客观发展的规律，都有一个发生—成长—成熟—衰退的过程。旅游产品生命周期就是指旅游产品从进入市场到最后被淘汰退出市场的全过程，也就是旅游产品的市场生命周期。典型的旅游产品生命周期呈S型曲线（如图2-1所示），包括初创期、成长期、成熟期、衰退期（复苏期）四个阶段。

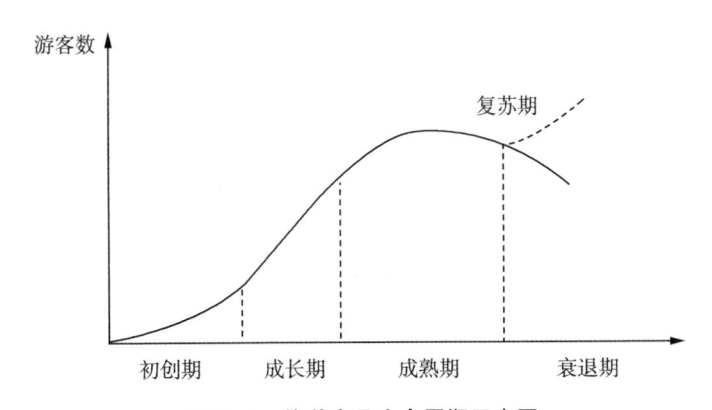

图 2-1 旅游产品生命周期示意图

旅游企业只能尽其努力使旅游产品尽快成长起来，保持成熟期的长期稳定，延缓衰亡的到来，以期获得理想的利润。

1. 初创期

在这个时期内，旅游产品还不完善。旅游者对旅游产品了解甚少，产品在市场上还是试销，只有少数旅游先锋旅游者开始购买。这一阶段内，产品投资额大，销售额低，利润极少，甚至是零。在这一时期内，旅游企业采取的策略重点是：以高成本的代价组合旅游产品；加强广告宣传，向各种销售渠道推销产品。旅游产品的初创期不宜过长，成熟旅游城市或热点旅游城市新产品的初创期一般较温点或冷点、新开发的旅游城市的要短。

2. 成长期

经过初创期，产品已为广大旅游者所熟悉，需求购买量开始增加，产品进入成长期。这时旅游产品基本定型，服务也日趋规范，成本大幅度降低，产品市场逐渐打开，开始赢得利润。在这一阶段，由于产品销售状态良好，可能会出现其他竞争者，甚至抄袭现象。为了使自己的产品顺利进入成熟期，旅游企业必须维护自己产品的质量，优化、完善、组合旅游产品，提高产品的质量。此阶段内，销售重点是扩大市场占有率，扩大旅游中间商的数量。

3. 成熟期

随着旅游产品的完善和销量的增加，产品进入成熟期，其后要相对稳定一个阶段。这个时期产品的特点是：销售量还会有一个缓慢的增长，逐渐处于平稳饱和状态，竞争者大量出现，仿造产品增多；产品成本降至最低点，利润相对稳定，并且数额较大，但不会增长。这时市场经营的重点应是稳固重点目标客源市场，开辟新客源市场，积极争取对产品反映比较滞后的那一部分细分市场的旅游者。在改进产品质量、增加旅游服务方式，设法稳住老顾客的同时，旅游企业要对现有产品进行改造，迅速设计组合旅游新产品，保证原有的市场份额。产品的市场价格要相对较低，积极疏通销售渠道，保持原有渠道的稳定与发展。

4. 衰退期

此期旅游者对此旅游产品较为熟悉不再有兴趣，游客购买量开始大幅度下降，企业利润甚微甚至亏损。此时再进行多种推销方法，都不会收到明显效果，竞争者也纷纷退出。针对这种情况，在提高效率，降低营销成本的同时，抓住有利时机，进行产品换代改造，或寻找次一级的发展期或成熟期，努力延长产品市场寿命。

三、认真分析城市旅游的主要客源

城市旅游的客源主要来自两个方面，即异城旅游者与乡村旅游者。[①] 尽管现在很多城市由于规划建设未见匠心，以致特色渐减，但毕竟因为文化底蕴与地域风貌存有差异，所以不同的城市还是有其不同观感特征的，作为异城旅游者，对于闻名已久却没有去过的外地城市，其往往还是抱有较大的好奇心。市场需求的存在已让旅行社的业务触角伸向乡镇，在都市观光旅游的人群当中，

---

① 袁美昌. 打造胜地 旅游开发技术详解 [M]. 北京：中国旅游出版社，2014：178.

乡村居民日渐成为其中一个重要的组成部分。

四、有效地确立城市旅游的基本载体

一个城市如果对发展旅游具有一定的期望值，便必然会开建自己的旅游网站，有时为了到目标客源市场去进行宣传营销，还得印制纸质宣传品。当然，为了扩大受众面，制作旅游电视专题片也是必不可少的环节，尤其是旅行社，为了吸引旅游者的到访还得精心编制旅游线路，在开展这些工作时就必然涉及如何遴选以及表现旅游载体的问题。一般来说，能够成为城市旅游载体的主要有以下几个部分：

（一）观光旅游方面的载体

在观光旅游方面主要有：古代知名建筑（其中包括单体建筑物与规模建筑群，譬如宫殿府衙、城墙碉楼、书院考棚、民居院落、楼台亭阁、佛寺道观、宝塔桥梁、街巷里弄等）、现代地标建筑（以超常高度闻名的建筑物、以超大体量闻名的建筑物、以超多功能闻名的建筑物、以超凡造型闻名的建筑物等）、特色景观区域（特色景观园林、特色景观街道等）、重要地址设施（名人活动地、大事发生地、著名学府、重要公用设施、现代知名设施、其他知名场所等），这些观光吸引物的共同特征必须是名气很大或富有特色，让旅游者比较向往。

（二）休闲旅游方面的载体

在休闲旅游方面主要有：怡情调适休闲项目（富有特色的酒吧街、食街、购物场所等）、益智调适休闲项目（馆藏丰富且出类拔萃的博物馆、科技馆、展览馆、图书馆等）、康美调适休闲项目（各类成规模和有特色的有助于增进健康与美丽的服务项目）；静态娱乐项目（设施一流名气很大的电影院、剧院等）、动态娱乐项目（高档豪华的歌舞厅、项目精彩的游乐园等）；运动休闲项目（颇有名气的体育馆、游泳馆、网球场、高尔夫球场等）等。

（三）度假旅游方面的载体

在度假旅游方面，交通便捷、环境优美、建筑气派、设施高档、项目丰富、服务一流的住宿接待设施（饭店、酒店、度假村等），自然是旅游者心仪已久、渴望到访的地区。

（四）升华旅游方面的载体

在升华旅游方面主要是具有教育意义的各种参观场所、具有启迪作用的各类讲习场所，具有磨砺作用的各类锻炼场所等。

五、开发优质的城市旅游项目

除了观光载体与度假载体可以直接用之于旅游外，作为休闲载体和升华载体要想用之于旅游，还得做好相关旅游项目的开发工作。

例如，对于体育设施，人们虽然可从电视里观赏到各类比赛，但一块荧屏毕竟无法真实传递出比赛现场那如火如荼的热烈氛围，所以城市旅游运营者可以利用现有的体育设施，举办一些层次较高、人气较旺的体育赛事，某类体育运动的爱好者如果得知这个消息，往往会欣然前往，以便在比赛现场享受视听盛宴。

城市旅游运营者还可以充分利用各类演出场所，协同城市文艺界积极开发和精心推出各类有创意、有规模、有水准的演艺活动；城市旅游运营者要妥善编排旅游线路，让旅游者白天不太累，晚上没有闲，把他们吸引到各类演出现场去，这样不仅使旅游者得到丰富的感官体验，而且旅游地本身也增添收益。城市通常是某一区域政治、经济、文化的中心，尤其是大城市与特大城市更是才俊之士与文化资源的富集之地。为了满足城市居民高层次的精神需求，那些规模大、层次高、名气响的城市还可邀请各界高人举办诸多类别的讲座，这其中不仅有技艺的传授，也有哲学的思辨和人生的开示，这些讲座常常有醍醐灌顶般的意义和作用。

随着文化事业的日益繁荣与社会经济的高度融合，种类多、影响大、效果好的会展与节庆活动已发展成旅游业界的新宠，并在城市旅游中具有不容小觑的魅力与不可估量的潜力，城市旅游运营者可顺势而为，积极开发会展与节庆产品，以便吸纳客源，刺激城市经济的快速发展。

六、高效率地运营城市旅游产品

在全社会的旅游版图中，城市旅游由于其本身所具有的巨大张力，已经发展成为一支中坚力量，其旅游总收入与创汇能力，在旅游业界具有举足轻重的作用。

城市旅游应该具有很大的多样性与可塑性，除了前面所述的载体与项目，诸如城市风情、城市氛围、城市生活、城市业态都是可供旅游者观赏、品位与体验的对象，作为城市旅游运营者应该积极作为和精心运营。而作为旅游者来说，他们潜心其间，自然会产生诸多由此及彼的联想，会有许多感触与感悟，一次深度的城市考察之旅必然会给他们的人生打上难以磨灭的印记。

在谋划发展城市旅游时，设施设备的健全是不可轻视的，许多城市有钱办大事而无心办小事，以致影响其旅游服务功能。譬如，街道上交通标识牌不足让外地游客通行不便；人行横道线（俗称"斑马线"）模糊不清且两端缺乏通行提示设施影响过街行人的安全；公厕严重不足使不清楚情况的外地游客惶急不安；街道与游园缺乏休憩设施让外地游客困倦疲乏时无歇脚之处。类似上述不能尽如人意的情况，城市管理者都需认真梳理并切实加以解决。

城市旅游的潜能是巨大的，如何运营城市旅游值得城市旅游工作者认真加以研究。简言之，除了要进行城市旅游的准确定位与总体把握外，还要注重优化环境、烘托氛围、强化硬件、活化项目和靓化形象。

第三章　乡村旅游规划与开发

近年来，在城乡统筹和新农村建设的背景下，乡村旅游迅猛发展并逐渐成为农村一大特色，乡村具有将各景观、田园等"串珠成链"拉动乡村旅游的作用，因此，对乡村旅游进行规划设计，可为实现乡村可持续发展提供重要的技术手段和宝贵思路。

第一节　乡村旅游概述

一、乡村旅游的内涵解读

(一) 乡村旅游的地理空间范围

乡村旅游活动必须以村落、乡镇以及周边的自然环境为载体。但要明确一点，并非所有发生在村落和乡镇的旅游活动都属于乡村旅游的范畴，如在乡镇、村落地区建设的现代化疗养园区、游乐场、主题公园等并不包含在乡村旅游的范畴之中。另外，要注意随着城市化的进程以及小城镇建设的推进，在城郊地带或者城区有以乡村性为主打吸引物的旅游，我们也视之为乡村旅游。

(二) 乡村旅游的活动内容

旅游吸引物围绕着乡村特有的自然和人文景观作为挖掘点，从传统意义上的旅游六要素方面来看，指旅游景区开发出来的吃、住、行、游、购、娱的商品和产品。依据体验营销的概念，还可以从传统的走马观花转化为动手做、亲身体验。比如，北方的很多乡村旅游接待农户，会和游客一起包饺子，这是乡村旅游产品综合开发的思路。

(三) 乡村旅游的核心吸引力

与城市相比，村落的交通不够便利，基础设施不够完善，各种消费场所也较为稀少，然而乡村吸引了大批的游客，根本原因在于村落、乡镇与城市的差异性特征对城市游客具有一定的吸引力，如空气、建筑、民风、瓜果蔬菜、生活方式、原生态的自然环境等，把这些因素组合在一起就形成了核心吸引力——"乡村性"。乡村旅游的原真性，以传统乡村为基础，维持原生态，包括民俗文化原生态、自然环境原生态、生产生活方式原生态，在这个系统中，人与人之间、人与环境和谐共生，旅游者所体验的是一种真实的乡村状态。在此需要指出的是，乡村旅游环境的原真性保护所追求的是历史延续和变迁的真实"原状"，而不是完整"原状"的真实。

倘若以"乡村性"为评价的标准，可以从广义和狭义上对乡村旅游的概念分别进行界定。其中，可以引申出两个概念：准乡村旅游和纯乡村旅游。准乡村旅游（如古村落、名山大川和小城镇旅游等非纯粹的乡村旅游）是广义上的概念；纯乡村旅游（如农家乐形式的纯粹乡村旅游等）是狭义上的概念；而乡村旅游相对应的概念是城市旅游。从本质上讲，乡村旅游是向游客提供一种或多种乡村经历和体验，提供一个认识农村、体验农家生活、追寻古朴民风民俗的机会。[①]

二、乡村旅游的特征

乡村旅游不但具有旅游的一般特点，也具有自身显著的特点，概括来说主要包括以下几方面。

（一）多样性

乡村旅游是现代旅游业向传统农业延伸的一种新型尝试，游客到乡村旅游不单是观光活动，还包括娱乐、民俗、休闲等活动。游客可以参与体验农事劳作、垂钓、划船、喂养、采摘、加工等活动，充分体验农民的生活情趣和民风民俗，并获得相关的农业知识，最后还能购得自己劳动的成果，很好地融观光操作、购物于一体。

---

① 刘娜. 人类学视阈下乡村旅游景观的建构与实践 [M]. 青岛：中国海洋大学出版社，2019：27.

(二) 自然性

乡村地域具有独特的自然生态风光，人口相对稀少，受工业化影响程度低，保存着生态环境的相对原始状态，并且乡村区域的生活方式和文化模式也相对保留着自然原始状态。水光、山色、耕作习俗、民俗风情等无不体现了人与自然的和谐统一。

我国乡村地域广大辽阔，加上受工业化影响较小，多数地区仍保持自然风貌，风格各异的风土人情、乡风民俗，古朴的村庄作坊，原始的劳作形态，真实的民风民俗，土生的农副产品使乡村旅游活动对象具有独特性特点。这种在特定地域所形成的"古、始、真、土"，具有城镇无可比拟的贴近自然的优势，为游客回归自然、返璞归真提供了优越条件。

(三) 休闲性

乡村旅游是人们体验"不同的生活"或"改变环境，放松心情"式休闲旅游的重要形式。因此，它具有强烈的休闲性，主要体现以下几个方面。

1. 旅游行为的经常性

城市居民进行乡村旅游主要在双休日或节假日，是城市居民周期性调节生活方式的重要选择之一。

2. 旅游者以自我组织形式为主

与团队旅游不同，乡村旅游者主要采取自我服务的组织形式，以单位、家庭和亲朋好友为主要团体形式，自己组织线路及相关事宜，旅游活动安排较宽松。

3. 游客多前往居住地附近的乡村

由于受双休日时间限定、出行手段和其他因素影响，旅游者多选择距市区1~2个小时车程范围的乡村。

(四) 生产性

文化本身不仅仅是一种象征符号或人类创造的精神和物质成果，而且是一种推动进步的力量，甚至可以说是一种生产力。乡村文化旅游资源的开发，既可拓宽旅游资源的广度，增加旅游活动的多样性，满足游客不同层次的旅游需求，又可改变农村的生产方式，增加农产品的数量和农业的附加值，提高农村的经济效益。此外，还可带动农产品加工、手工艺品加工等加工工业的发展，促进农村多元化产业结构的形成，为农村经济的发展注入新的活力。

（五）大众性

较之于高端旅游，乡村旅游因为无须提供豪华住所、高价食品等，也大都没有"景点门票"的入门成本，所以具有低成本的特点。这一特点适应了大众化消费的需求，因此作为现代旅游形式的乡村旅游是大众化的。从国内外来看，乡村旅游消费已经普及到普通城市居民，尤其是以城市中产阶层为主要客源，已经成为一种大众化而且高层次的旅游消费形式。消费者选择乡村旅游，注重的是精神上的享受，因此乡村旅游应该注重大众化消费项目的开发。

（六）融合性

旅游过程是不同文化的相互交流的过程，在这个过程中不同性质的文化因素相互接触、碰撞、取舍和融合。到乡村旅游的游客多数是城市居民，从现代化的进程来看，游客本身所携带的文化是"强势文化"，而乡村旅游文化是一种"弱势文化"，这样在乡村旅游活动过程当中，"强势文化"与"弱势文化"会产生巨大冲击并逐渐融合，从而产生新的旅游文化现象。

（七）参与性

所谓参与性，主要是指旅游者不再像观光旅游那样仅仅是走马观花，而要融入乡村的生产、生态生活空间，切身体验乡村的风土人情，参与乡村的生产生活过程；另外，乡村旅游的供给者即农户也要融入旅游过程中，为旅游消费者提供服务，甚至本身就参与旅游过程中。因此，乡村旅游活动项目要注重游客的参与性，加强农户与旅游消费者之间的互动。乡村旅游还要调动乡村社区居民的参与，这样不仅可以使整个乡村社区居民受益，也真正体现出乡村旅游"乡村性"的特质。

（八）低风险性

发展乡村旅游投资少，见效快，效益好，风险较低。这是因为乡村旅游是在原有农业生产条件和资源基础上，略加整修、管理，不破坏原有生产形态，使其多功能化、生态化，这样就可以较好地满足游客的需求，而且经济收益也较高。[1]

---

[1] 张霞，王爱忠，张宏博. 生态经济视阈下的乡村旅游开发与管理研究 [M]. 成都：电子科技大学出版社，2018：4.

第二节 乡村旅游规划的原则与过程

一、乡村旅游规划的原则

乡村旅游规划要遵循一定的指导原则，体现出科学的规划设计理念与方法。

（一）生态本位的原则

乡村旅游规划设计应立足生态本位的原则，把保护和优化生态环境放在首位，采取必要的措施和技术妥善解决在乡村旅游目的地建设和运营后可能带来的环境破坏和污染，按建设资源节约型、环境友好型社会的要求，创造人与自然相和谐的生产、生活、休闲环境景观和空间，尤其是功能区的设计和项目的取舍，要以此为依据。

（二）因地制宜的原则

因地制宜的本意是根据当地的具体情况，采取相适宜的方法或措施。所谓具体情况，是指乡村旅游目的地规划地块本身以及周边的地形地貌、土壤性状、气候条件、水源条件、现有排灌条件、农业耕作制度和植被情况、交通条件、能源供给条件等。在规划设计过程中要想人为改造这些条件，必然将花费一定建设成本从而增加投资。因此，按照因地制宜的规划原则所制订的方案，能够实现成本最小化，同时又具有较强的可操作性。

（三）突出特色的原则

特色是旅游发展的生命之所在，突出特色是形成差异化竞争优势最有效的途径。乡村旅游开发要充分发挥地域优势，深挖资源潜力，把握市场定位，找准出发点、立足点、突破点和闪光点，规划设计出独树一帜的特色旅游形象、个性十足的特色旅游项目、丰富多彩的特色旅游产品，与周边区域已有的同类乡村旅游目的地实施差别经营，进行错位竞争。

（四）社区参与的原则

任何级别或类型的旅游规划要得到有效执行，都离不开当地居民的广泛参与和热心支持,社区参与和协作是规划管理支持系统的重要内容。① 乡村旅游规划尤其如此,社区居民有权知晓旅游开发对本地未来一段时期社会文化发展带来的影响,进而对是否开发旅游、开发的速度与时机等问题提出自己的想法和建议;有权参与讨论重大旅游项目的设计和立项;有权共同商定旅游开发的利益分配方案;也有权协助制定面向自身的就业政策。

(五) 系统开发的原则

乡村旅游的开发是一项较为复杂的系统工程。按照系统论的一般原理,系统具有目的性、整体性、相关性等特征。因此,用系统思想指导乡村旅游规划,首先要明确其目标体系,做到有的放矢;接着需统筹考虑其所具备的优势、存在的劣势、面临的机遇与挑战;然后将规划项目视为地方国民经济系统的一个子系统,放在大的区域格局中来加以定位。

(六) 效益综合的原则

乡村旅游以综合效益最大化为原则,既要强调经济效益,又要讲求社会效益和环境效益。在规划设计中要贯彻"谁投资、谁受益、谁负责"的理念,涉及的建设项目或产品既要进行严格的投入产出分析,保障投资开发的经济效益;又要考虑当地的文化风俗习惯和原住地居民的心理承受能力,促进地方精神文明的发展;还要能够满足当地的自然环境承载力要求,尽量走低碳、循环、节能、环保的道路,从而实现其可持续发展。②

二、乡村旅游规划的过程

乡村旅游规划是有层次、有等级的专项旅游规划,其目标具有多样性,应采用系统方法进行规划与设计,按照准备、确立目标、可行性分析、制订方案、方案的评价与比较选择、实施、监控反馈、调整策略的连续操作过程进行。

(一) 准备工作阶段

准备阶段主要的任务如下:

1. 组成一个多学科专家及规划地相关利益群体代表的工作小组,确定规划项目的任务书,共同研究乡村旅游规划的经济、社会、环境、工程和建筑等

---

① 王春雷,周霄. 从人类学视角探析区域旅游规划的社区参与 [J]. 规划师, 2003 (3).
② 周霄. 乡村旅游发展与规划新论 [M]. 武汉: 华中科技大学出版社, 2017: 89.

问题。

2. 实地考察、市场调查，收集资料。

3. 初步确定乡村旅游项目建设的主体形象、特色、旅游开发的规模、主要的基础设施和旅游设施等。

（二）确定开发规划目标

以满足旅游者的需求为前提，确定乡村旅游地的开发目标。该开发目标可是一个目标体系，包括经济目标、社会目标、环境目标、景区发展目标以及它们的阶段性目标；也可以一个目标为主，兼顾其他目标，如乡村旅游地是一个贫困村，其开发目标要以脱贫、扶贫（社会目标）为主，再兼顾生态目标和致富（经济）目标。

起初，这些旅游规划目标都是暂定的，可以在日后的工作中根据调查、分析和规划设计的结果进行修改和完善。

（三）可行性分析

可行性分析是从乡村旅游地的供需因素综合分析的基础上，确定规划目标能否实现，或为实现规划目标，如何协调供需关系。可行性分析包括：

1. 乡村社会经济发展调查与评价。包括乡村总体发展水平、开放意识与社会承受力、开发资金、城镇依托及劳动力保证、物产和物质供应情况、建设用地条件、农业基础等。

2. 乡村旅游资源调查与评价。在普查与调查过程中，对乡村资源的特点、价值与价值优势、存在的问题和未来发展都能形成初步的判断。

3. 市场预测分析。在市场调查的基础上进行市场预测分析，调查客源市场的各种情况以及潜在旅游者的特征、消费行为、消费水平等，从而发现并确定目标市场。

4. 对乡村旅游景点及其相关活动的调查。包括现有的或是潜在的乡村旅游景区，以及相关的旅游活动；目前或是潜在的竞争性旅游景点的特性；了解究竟是什么因素致使游客来到这个国家或是地区进行旅游。乡村旅游景点及其相关活动可以根据发展的类型进行分类，根据可达到性、发展的可行性、游客需求的市场趋势以及其他因素进行评估。

5. 水、电、能源、交通、通信等乡村基础设施调查与评价。

6. 承载力分析。承载力分析包含经济、社会、环境的承载力分析。

7. 成本效益估算。在成本效益估算中，要对项目进行财务分析，对投资风险与不确定性进行分析，决定乡村旅游项目的盈利能力、负债清偿能力、投资回收期、社会效益、环境效益。

（四）制订方案

乡村旅游规划的方案主要是规划的保障与措施，包括操作规程与政策两个方面。操作规程主要是乡村旅游产品规划与布局、土地使用规划、各种设施建设规划、市场营销计划、人力资源配置与人才培养、社区参与、文化与环境保护等。政策主要是经济政策、环境政策、投资政策、开发阶段等。可根据目标实现的侧重点不同，设计多个方案。

（五）方案的评价与比较选择

综合考虑实现目标的能力、乡村旅游开发与政策的一致性、成本效益比、社会文化与环境效益、对其他产业的关联作用、对社会文化的消极影响等因素，采用专家会议法、目标实现矩阵等方法进行评价，从中选择最满意的方案。在对这些可供选择的旅游发展政策和规划方案进行评估时，应当注意以下几个因素：是否能够满足乡村旅游发展目标的需求；是否能够优化经济利益；是否能够强化环境和社会文化的积极效应，削弱负面效应；是否能够同其他旅游地进行有效的竞争。

（六）规划实施

规划实施即实质性开发工作，一般分为基础设施建设、旅游设施建设、经营、调整四个阶段。

（七）监控与反馈

在监控反馈中，同时要注意村民态度的变化情况，确保村民的积极性。

（八）策略调整

乡村景观规划的策略调整主要包括：（1）乡村景观的普查与重点调查，是了解乡村景观、感性认知景观和理性分析景观的必经途径和工作环节。（2）乡村景观信息系统的建立，是景观评价、景观分析、景观过程和景观模拟的重要阶段性研究工作。它属于前期工作，同时又是景观规划的阶段性成果和景观规划成果的展示手段。（3）乡村景观评价，主要包括乡村景观的价值功能评价、景观质量评价、景观敏感度评价、景观可达性评价、景观行为相容度评价和乡村人居环境评价。（4）乡村景观演变与流程图，目的在于认识乡村景观形成过程中不同景观因素的作用过程与作用机理，便于在景观规划中正确处理、了解景观因素和景观动力。(5) 乡村景观区域划分,揭示景观区域内部景观主导特征与主导行为冲突的共同性、景观价值功能的适宜性和景观可持续发展的制约因素,反映乡村景观资源的合理利用、开发强度、景观规划、景观整治和乡村产业生态化发展、乡村工业化和城镇化过程、乡村传统文化的继承与发扬等。(6) 景观规划技术体系与技术标准,是指乡村景观规划的原则、依据和规划方法以及在景观规划中需要规划的重点景观区域、景观整治项目、乡村景观规划的创新体系、规划的层次与标准以及景观规划的比例尺等规划技术要素,同时,确定景观规划成果的展示形式。(7) 景观规划的总体方案,主要包括乡村景观分区规划、乡村景观保护整治规划、重点景观类型保护区域的确定、乡村遗产的保护方案、乡村土地利用总体规划等内容。在乡村景观总体规划内完成乡村农业景观规划、乡村工业景观规划、乡村城镇景观规划、乡村交通网络规划、乡村游憩景观规划和乡村风貌塑造等规划内容。[1]

第三节 乡村旅游规划的路径创新

一、乡村旅游规划低碳化路径

所谓乡村旅游规划低碳化,即以低碳经济的理念和方法来指导乡村旅游规划实践,强调在乡村旅游规划全过程中充分贯彻低碳经济理念,倡导采用绿色环保技术方法及手段进行开发建设,减少开发建设中的能源消耗、环境污染和温室气体(以 CO_2 为主)排放,进而实现旅游经营管理和旅游活动全过程"低排放、高能效、高效率"的低碳目标,引导乡村旅游走低能耗、低污染、低排放的可持续发展道路。其规划的思想符合循环经济"减量化""再利用""再循环"的"3R 原则"和低碳经济"以更少的能源消耗、排放和污染获得更高效益、效率和效能"的目标。乡村旅游规划低碳化以为解决乡村旅游开发建设存在的环境问题为出发点,是响应低碳经济的发展要求而提出的一种新的规划理念和方法,其目的是通过具有前瞻性的规划引导循环型乡村生态的构建,实现乡村旅游的可持续发展。[2]

---

[1] 杨炯蠡,殷红梅. 乡村旅游开发及规划实践 [M]. 贵阳:贵州科技出版社,2007:147.
[2] 陈秋华,纪金雄,等. 乡村旅游规划理论与实践 [M]. 北京:中国旅游出版社,2014:55.

（一）制定低碳发展目标及低碳控制指标体系

规划发展目标和规划指标体系作为规划实施的主要控制手段，是使旅游规划建设由理论研究到实际操作的关键因素。因此，乡村规划低碳化的首要问题是确立合理的低碳发展目标及一系列低碳控制指标体系。

首先，在总体规划编制中应当在旅游发展目标方面增加一个综合碳排放量指标。制定某个景区的低碳旅游发展目标时一般会采用碳排放强度作为标准，选择适当的碳排放强度下降幅度作为总体目标，且总体目标与国家同期的应对气候变化目标必须一致。所谓碳排放强度，指单位旅游经济收入所产生的碳排放量，它主要是用来衡量景区旅游经济发展水平与碳排放量之间关系。

其次，围绕综合碳排放量指标，建立乡村旅游开发建设和运营管理过程中与碳排放及能源消耗紧密相关的领域，确定相应的低碳控制指标，用以指导具体开发与运营的进行。

（二）实现旅游空间布局的低碳化

乡村旅游空间布局的低碳化发展，一方面可以避免因旅游服务设施布局分散、旅游项目活动不集中或游览区与服务区距离远等直接导致的内部交通工具使用和乡村区域土地利用的增加；另一方面可以通过合理的布局提高乡村区域的碳汇能力，改善碳排放问题。低碳化的旅游空间布局主要有两种：紧凑式空间布局和绿色空间布局。

1. 紧凑式空间布局

乡村旅游景区的紧凑式空间布局是一种高密度和功能混合的空间布局模式，强调旅游交通、旅游项目及设施与乡村用地规划的紧密结合。乡村旅游地实行紧凑式空间布局主要表现为科学进行功能分区和合理的道路建设。首先，可以在允许开发建设的区域内规划建设相对集中的旅游服务区，包括景区停车场、游客服务中心、食宿设施、娱乐设施、商业设施、水电等基础设施等，便于能耗与碳排的统一控制与调节；其次，景区内交通网络的建设要遵循确保旅游设施之间空间距离最短的原则，并在景区交通主轴线上实现食、住、购、娱等功能的混合统一，例如，把度假设施布置在交通设施以及配套设施发达的已建成区，使游客以步行的方式即可往返于各活动区中。

2. 绿色空间布局

绿色空间布局强调在开发建设中尽量做到"多利用，少开发"，尽量在不改变自然资源原貌的前提下，进行合理开发及布局。乡村旅游地实行绿色空间布局主要表现为项目的开发建设尽可能不占用生态林、耕地、湿地及湖泊的受保护区域，以维持碳汇吸收能力。

（三）规划低碳旅游产品

乡村旅游是一个系统过程，包括"食、住、行、游、购、娱"六个方面，因此低碳乡村旅游产品规划要注意这六个要素产品的低碳化规划，包括低碳交通产品、低碳住宿产品、低碳餐饮产品、低碳游览产品、低碳娱乐产品和低碳购物产品。

1. 旅游交通产品低碳化规划

低碳旅游交通产品主要表现为以下两个方面：

（1）打造绿色交通道路系统

乡村旅游道路依势而建，在其现有地理条件与布局基础上进行设计，尽量避免占用农田、耕地和山林，不以开山炸石、毁林拆房作为代价。重点规划建设电瓶车道、自行车道、游步道、观景栈道等多样化的乡村生态道路代替水泥硬化道路。道路建设就地取材，选用当地林木或无污染的生态材料，如石板、卵石、沙子等，道路两旁可种植常绿并能较好吸附有害气体的植物和树木，植物和树木的选择也不是随心所欲，而应按照"自然融入"和"绿色环保"两个原则进行设计栽种，既美化道路，又符合低碳理念。

（2）规划低碳化的旅游交通方式

主干道交通使用节能化、轻型化及新能源的交通工具，如电瓶车、混合动力汽车、环保观光小火车、电动丛林缆车等。同时，要在乡村旅游景区入口规划生态停车场，外来机动车在停车场停靠，不得进入景区。乡村旅游景区内部重点规划设计具有乡村传统特色的传统的以人力、畜力为动力的交通工具，如徒步、自行车、轿子、骑马、牛车、木舟等，这些交通工具不但低碳环保，还能作为乡村旅游项目给游客带来旅游体验。以平顺县为例，为创建全国低碳旅游示范区，太行水乡、天脊山、神龙湾等多处乡村旅游区将观光电瓶车、毛驴车作为景区内部交通工具，减少了景区内汽车尾气的排放量。

2. 旅游游览产品低碳化规划

乡村旅游游览产品即旅游规划中的旅游项目及旅游活动。一方面，旅游项目的规划应充分利用原生态的乡村资源（如乡村建筑、乡村聚落、乡村民俗、乡村文化、乡村饮食、乡村服饰、农业景观和农事活动等）和生态环境，策划最能展示乡村自然朴实生活方式的旅游项目，不宜建设现代化、大型休闲娱乐项目，尽量减少甚至取消游乐场项目、夜间实景表演、露天烧烤、动力水上运动项目等高排碳、高能耗的游览项目，减少化石燃料和动力能源的消耗。另一方面，游览活动的设计要突出低碳环保性，倡导低碳旅游方式。开展诸如自然观光、乡村美食体验、采摘、康体运动、农耕体验等低碳健康化旅游活动，亦可规划安排如植树等"碳补偿"体验活动。

3. 旅游住宿产品低碳化规划

旅游住宿产品低碳化规划应重点把握建筑建材的选择、建筑建设和住宿配套设施的使用三个方面。

第一，低碳化乡村旅游住宿产品的策划应遵循绿色化和生态化的原则，在建材的选择上宜就地取材，优先选用木材、竹材等本地建筑材质，尽量减少人工建材的使用。第二，建筑风格上体现本土特色，少建旅游宾馆、高星级酒店，可考虑规划建设的低碳旅游住宿产品包括乡村民宿、地方特色民居、木屋、竹楼、树屋、茅草屋等。第三，建筑的建设方面应保证良好的通风、采光和温控情况，一般情况下建筑容积率越小、建筑位置正南正北的，自然通风的效果越好，空调等高碳设备的利用率也便随之降低。

4. 旅游餐饮产品低碳化规划

旅游餐饮产品低碳化规划在建筑建材的选择、建筑建设和餐饮配套设施的使用方面与住宿设施具有相似的要求。此外，还应重点把握食品原材料生产和菜品烹饪质量。乡村旅游餐饮产品的食品原材料生产及成品烹调要体现本土化、特色化和生态化的原则，尽量使用当地自产的当季果蔬、家禽、野生菌类等，烹饪采用炖、蒸、清炒等少油、少热量、有益身体健康的烹调方法加工，并使用高效清洁能源和可再生能源进行烹饪，一方面可以减少原材料运送、包装、贮藏、制作等产生的能源消耗和温室气体排放，另一方面可体现乡村旅游餐饮的乡土风味。此外，为彰显餐饮的低碳特色，还可规划设计创意性低碳餐厅、素菜馆、有机健康餐厅，设计养生素食系列菜品及低脂、低盐健康农家菜品，设计个性低碳营养套餐，打造低热量、低脂肪、低动物蛋白、低盐、低糖和高维生素、高纤维的"五低+两高"旅游餐饮方式。

5. 旅游娱乐产品低碳化规划

改变传统的KTV、泡吧、打高尔夫球等耗能高的休闲娱乐项目，增设一些尊重旅游地本土文化的娱乐活动和碳汇活动，如歌舞、戏曲、杂技等富有地方特色和民族特色的演艺、节庆文化民俗活动，地方民间传统手工艺、农业生产、牧业生产、渔猎生产的体验活动和种花、植树等活动。

6. 旅游购物产品低碳化规划

合理利用乡村旅游地原生态、无污染的原材料，生产销售以绿色、生态为导向的土特产及旅游纪念品，规划设计如土特产礼盒、绿色果蔬礼盒、植物标本、根雕等本土化的特色旅游商品。抵制旅游商品过度、奢华包装，不主动提供包装塑料袋，商品包装袋采用原生态的材质，为旅游商品贴上"碳标签"，引导游客在旅游消费过程中自觉培养和提高生态环保意识。

(四) 建设低碳化旅游配套设施

乡村旅游配套设施低碳化规划主要从能源使用、资源利用和废弃物处理几个方面入手。一方面，减少化石能源和碳基能源的使用，广泛采用风能、太阳能、地热和生物质能等高效清洁能源和可再生能源。其中，太阳能和以沼气为主的生物质在乡村地区存量丰富、用途广，在乡村旅游规划中应优先考虑。

另一方面，构建水资源循环利用体系、垃圾分类处理与循环利用机制，运用成熟的污水深度处理技术实现污水净化，进而实现循环利用，有效缓解乡村旅游供水问题；运用堆肥为主、填埋为辅的形式对旅游生活垃圾进行减量化、资源化和无害化处理。其中，生活垃圾、有机污泥、人畜粪便以及农林废物等经过堆肥处理可用作有机肥料，其余不可堆肥处理的垃圾，集中运至景区所在镇区进行统一处理。

二、乡村旅游规划的创意化路径

(一) 乡村旅游产品的创意规划路径

1. 将具有乡村地域特色和艺术价值、审美价值的传统手工艺进行展示，建设集工艺制作、表演销售、研究培训、收集陈列于一体的"主题民艺村落"，借助民俗、创意民俗，实现民俗旅游产品的深层次开发。

2. 以发生在乡村当地的历史典故、民间传说、民歌、民间舞蹈、节庆礼仪为题材，融合多元化的艺术表现方式，运用高科技手段展现。可以将民间文学、民间传说与出版业、影视结合，将民歌、民间舞蹈、节庆礼仪等与视觉艺术、表演艺术、音乐等相结合，打造大型的、具有地域特色的大型文化实景演出。

3. 打造新型农产品创意园的乡村旅游发展模式，运用现代科学技术推动农业设施和各种农产品的现代化，立足农业旅游资源的观赏价值，利用生物技术改变农产品外观形态，积极培育新的观赏型农产品，运用创意和艺术造景手法，在乡村地区建立奇趣农产品主题园。

4. 乡村旅游地的特色建筑以及乡村村落传统的文化是重要的乡村旅游资源，可以将乡村农舍与花卉艺术相结合，实现乡村意境的视觉美；可以将乡村农舍与当地艺术相结合，实现乡村文化艺术内涵与建筑文化的有机结合。

（二）乡村旅游景观设施的创意规划

1. 融于环境——生态化

景观生态化以生态和谐为特点、遵循生态学的原理，以本土化植物配置，主要采用乡土化的材料，使其在对环境造成影响最小的前提下，达到生态美、艺术美和功能性的统一。与环境融洽，是景观设施创意的基本前提。融洽，包括绿色背景、土地颜色、岩石颜色、当地建筑风格、水环境、地势等，可以利用乡村的四季不同色彩的植物、动物、山石、水体等作为乡村景观设施生态化处理的元素。

2. 就地取材——在地化

凸显在地元素，就地取材，充分利用当地的乡土建筑材料、农业资源和乡村生活资源，区别于常规标准用材，可以形成景观设施创意的独特性。增强乡村旅游景观的地域性是非常重要的，因此，材质的在地化是景观设施创意的一个很重要的原则。地域性的主要内容包括运用在地材料，尽量使用地方性材料资源，同时也使不同地区的景观设施更具个性，更能反映出地域特色。例如，创意稻草人，水稻收割以后，留下的大量稻草正好给乡村景观设施的创意设计提供了原材料，不仅环保有创意，更为乡村旅游增色不少。

3. 赋予文化——主题化

可以通过提炼乡村旅游景点中最具特色的文化元素来传达乡村旅游景点的主题意境。乡村具有非常丰富的文化元素，比如历史文化、传统民俗文化、农耕文化和乡土文化等。所有这些文化元素都可以转化为旅游资源，这就是文化的景观化、文化的符号化。景观设施就是一个很重要的载体，就是把文化元素通过各种文化符号在景观设施上体现出来。

在乡村景观设施创意设计中，归纳总结出能够代表地方的特色文化符号，并把其融入景观设施的外观造型、装饰艺术等方面，从而形成乡村旅游景区独特的文化主题。在进行文化景观化的同时，还应注意将这些文化元素与生态景观结合，形成融于自然环境，又融合于乡村社会文化环境的乡村景观设施。

4. 互动体验——娱乐化

设计出来的这些景观设施最好还能跟游客互动，成为活的景观设施。在乡村景观设计中，可以围绕着主题内容、景观特色，强化景观的游乐性、参与性、知识性、趣味性等综合休闲活动特征。

乡村旅游并不是像"一日游"之类的赶场式的自然观光游，而是一种休闲度假旅游。人们到乡村去不是只为了看一看，而是感受乡村的气息，对于这种较长时间、较慢节奏的旅游形式，乡村旅游景观的设计需要有过程感。过程感强调旅游景观不能在一点集中展现,而是按照一定的安排逐步深入,通过旅游者自己的探索,发现最美的风景。

5. 突破传统——艺术化

传统的乡村旅游景点似乎总是与时尚格格不入,但随着乡村旅游消费群体范围的逐渐扩大,能否运用创新手法,将一些流行的时尚元素融入景观设施中,就成为吸引游客的关键。

景观设施的艺术化设计不能脱离乡村性,需要在充分继承本土文化的基础上,敢于突破传统,融合现代时尚的元素,将在地元素艺术化,通过更加自然、更加具有亲和力的艺术化方式实现景观设施传统与时尚的融合。除了常规的手法之外,采用艺术手法更能引发游客的共鸣。

第四节 乡村旅游资源的开发与可持续发展

一、乡村旅游资源的开发

乡村旅游资源开发是在一定范围的区域内,为了充分利用各种类型的乡村旅游资源,突破乡(镇)行政区域或行业的限制,根据功能优势互补、寻求最大效益的原则组合旅游资源、优化旅游产品结构和竞争优势,开拓旅游市场的过程。乡村旅游资源的开发应该与一般旅游资源的开发不同,它需要更多地展示自己最核心的东西——乡土味。除了目前常见的特色民俗风情旅游,围绕古建筑、古村落进行的乡村旅游项目,农业生产也是乡村旅游开发的重点之一。乡村旅游资源开发是一项复杂的系统工程,涉及区域背景、旅游资源状况和前景、环境保护、人力资源开发、旅游管理政策措施等因素。

(一)乡村旅游资源开发的内容

要通过旅游开发,把乡村旅游资源变为一个相对成熟的乡村旅游目的地,离不开硬件设施的支撑,以及吸引力和软服务的注入。通常来说,需要开发的内容包括基础服务设施、乡村旅游产品、乡村旅游要素体系、乡村旅游节庆活动等。

1. 基础服务设施

通常包括乡村公路、乡村供水设施、乡村电力设施、乡村污水垃圾处理设施等乡村基础设施,也包括旅游停车场、旅游厕所、标识牌等乡村旅游服务设施,是乡村旅游资源开发的首要前提。一般情况下,该项内容由地方政府负责开发。

2. 乡村旅游产品

原始状态的乡村旅游资源,需要经过创意的设计、包装、打造,才能成为具备市场吸引力的乡村旅游产品。依据基本经营形态和生产生活空间,利用相应的乡村旅游资源,我们可以开发民宿、农庄、度假村和市民农园四类产品。在乡村旅游资源组合性较强的地区,我们还可以开发乡村旅游村域、乡村旅游景区、乡村旅游集聚区、乡村旅游度假区四类产品。

3. 乡村旅游要素体系

面对成批旅游者的到来,仅有基础设施和核心产品是远远不够的,需要在原有乡村外形的基础上,做一定的改造和建设,将旅游的"吃、住、行、游、购、娱"等要素融入乡村旅游中。

4. 乡村旅游节庆活动

结合民族节庆和乡村资源,周期性地开发采摘节、服饰节、音乐节、美食节、过大年等节庆活动,可在乡村地区形成一种特殊的旅游吸引物。通过节庆活动的举办,可以吸引区域内外大量游人,具备强大的经济和社会效益。

(二) 乡村旅游资源开发的原则

乡村旅游资源开发过程中要注意的首要问题是协调好开发与保护之间的关系,开发活动必须贯彻如下原则。

1. 保护优先原则

乡村旅游资源开发必须以保护为前提。乡村旅游开发地往往是生态环境保护较好、自然景观优美、受工业化辐射较少的区域,若没有保护优先原则,在经济利益的促动下,可能会造成乡村景观的破坏及景观特色的消失。

2. 科学管理原则

科学管理是减小乡村旅游开发活动对旅游资源及旅游环境影响的有效手段。在乡村旅游活动的管理中,可采用制定环境保护及传统文化保护与建设规划、开展旅游环境保护科学研究、建立环境管理信息系统、强化法制观念、健全环保制度、加强游客和当地居民的生态意识等对策来加大管理力度。

3. 生态经营原则

乡村旅游系统是一个地域生态系统,有其特定的物质能量循环方式和规模,任何外来的物质和能量都可能对这一循环系统产生影响。因此,在生态经营原则下,要求乡村旅游资源开发与经营给乡村生态系统带来的额外的物质和能量尽可能少。

4. 保持特色原则

乡村旅游之所以能吸引外地居民和城市游客甚至国外旅游者，主要的一个原因就是乡土特色。乡村旅游资源开发要在保持乡村特有的"土"味和"野"味的前提下进行可持续性的开发，使得乡村旅游展示出天然情趣和闲情野趣。

(三) 乡村旅游资源开发的基本流程

1. 组建开发小组，进行前期统筹规划

开发小组负责对整体开发工作进行筹划、规划、监督和执行。乡村旅游资源的开发是在特定的乡村环境中进行的，开发过程及开发后的经营都将对乡村社会、经济和环境产生重大的影响。同时，对乡村旅游资源的开发也是为了乡村城镇化的发展而进行的，要考虑乡村居民的切身利益。因此，对乡村旅游资源的开发要做总体规划，实行具体的开发程序，并在"资源+市场"开发导向下拟议旅游项目。对开发项目的影响因子进行识别，为定性定量的预测和解释影响的程度提供基础数据，以提出增进有益影响的建议，制定消除或缓解有害或负面影响的对策。

2. 筹措开发资金

依据"谁投资，谁受益"的原则，预估资金投入和回报，自筹或融资，合理投入于资源开发的各环节之中。

3. 全面调查研究

在确定规划前要对各方面内容作好详细的调查研究。主要是需要相关部门，如林业、农业、园林、城建、环保、交通、通信、旅游等部门提供所需资料，配备必要的设备及后勤组织工作等，以保证旅游规划设计工作顺利进行。收集资料后要尽可能利用资料信息，从中发掘出有价值的东西。同时，还必须进行实地考察。

4. 具体推进实施

(1) 旅游产品构建

靠策划，靠创意，把原生态的、同质类的资源按不同的手法打造，依不同的风格装修，抓住本地、本村、本户特色，夸大特色，凸显优势，制造差异，塑造不同类型的产品。

(2) 基础设施建设

旅游是一种复杂的社会经济活动，面对大量旅游者的到访，应该要保证他们观景、美食、住宿、出行、购物、娱乐等需求得到满足。任何形式的乡村旅游形态，如古镇、村庄、农庄、林牧场等，其原生态不等同于原状态，要作一定的改造和建设。另外，停车场、指路牌、指示牌、安全警示牌、污水垃圾处理、上下水、化粪池等都要建设完善。

（3）持续拓展市场

建设农业旅游示范点是持续拓展市场的方式之一。一方面可以扩展旅游业态，满足人们的需求；另一方面还可以调整农业产业结构，增加农业附加值，提高农民收入水平。就目前而言，大多数的乡村旅游开发者就是乡村旅游的经营者，但很多乡村旅游点只重建设不重管理，只重噱头不重品质，常常造成了营利能力低下和发展后继无力。在经营过程中，如何加强宣传、拓展渠道，通过营销激发游客出行的欲望，也是一项容易被忽略的难题。因此，组建专业的经营和营销团队，实施合理的经营和营销策略，也是乡村旅游资源开发流程中的重要环节。

（4）人才培训建设

人力资源是第一生产力。新农村建设需要人才，开展农业旅游更需要相应的人才。客观来讲，农民群众普遍知识面不广，文化程度较低，要解决这个问题，重要的途径就是进行学习培训。各级旅游主管部门要配合区域内乡村旅游项目开发工作制订出具体的人才培训计划，并争取与农业、教育、劳动、民政等部门的人才培养计划对口合作，实现共同推进和实施；要依托现有的旅游人才培训中心和其他培训中心，争取必要的财力支持。

（5）科学全面管理

管理的主体是政府，也可群众自治，一起制定乡规民约，旅游部门要研定一些标准，如从业资格、环境条件、服务标准等，以便有参照、目标和依据。还可推行旅游行业管理经验，出台一些等级划分、品牌服务、诚信建设的规范等，使乡村旅游在市场牢牢站住脚跟，得到长远回报。

（6）定期更新和升级

为保持乡村旅游项目的长期竞争力，需要有计划地对其进行更新升级。[①]

二、乡村旅游资源的可持续发展

（一）乡村旅游资源可持续发展中存在的问题

广大农村蕴藏着极其丰富的自然资源和人文资源，这是我国发展乡村旅游事业的源泉。目前，许多乡村已经利用这些自然资源，开发成了旅游景观、景点。然而，虽然农村的自然生态旅游资源开发潜力巨大，但不少具有鲜明特色的地方却没能得到开发，而且已开发的乡村旅游景区在资源的利用方面存在诸

---

① 谌静.乡村振兴战略背景下的乡村旅游发展研究［M］.北京：新华出版社，2019：79.

多问题。

1. 总体规模较小，档次低

乡村旅游作为农业与旅游业相结合的产物，其发展需要有实质性和相当规模的农业内容为依托，合理利用乡村绿色生态资源，将自然资源优势可持续地转变为旅游经济优势，既可以保证农业生产效益的实现，又可以促进旅游业的发展。但实际上，乡村旅游资源的开发经营总体规模偏小，档次较低，有效利用不足。不少地方把乡村旅游仅仅等同于"农家乐"，而把"农家乐"又等同于去吃"农家饭"。

2. 乡土文化城市化，破坏程度大

乡村旅游地的最大资源特色是有别于城市风貌的"乡村性"。对乡土文化资源的科学规划和合理开发，是实现乡村旅游发展的关键。然而，目前许多乡村旅游地的建设严重地出现了现代城市化建设的倾向。随着农村经济的不断发展，农民收入水平逐步提高，农民生活和居住条件不断改善，并日益呈现出工业文明与农业文明特色并列、现代设施与传统风物杂陈的乡村发展现状，古朴的乡村气息日渐丧失，"视觉污染"问题日益严重，发展乡村旅游所需的农耕文明氛围难以营造。而一些乡土文化浓郁、生态环境良好的乡村旅游地，又往往因为缺少必要的策划、论证和规划，在建筑形式和材料、设施设备等方面刻意模仿城市，其结果是乡村旅游地的人工痕迹过于明显，乡村旅游地逐步城市化，或者非城非乡，极大地破坏了乡村资源的乡村性和原真性，削弱了乡村旅游的魅力。

3. 产品开发程度低，层次粗浅

乡村旅游资源通过科学规划和合理利用，可以有效转化为相关旅游产品，进而满足游客需求，实现经济效益。但为了满足旅游者猎奇心理而破坏乡村文化资源的原真性，不应成为乡村旅游开发的价值取向。然而，有的乡村旅游地却不在产品创新上动脑筋，导致产品开发程度很低。一是乡村旅游产品错位发展不足。由于旅游产品的错位和深度开发不足，提供的产品层次较低，服务的项目大同小异，个性彰显不力，乡村旅游地给旅游者留下"千村一面"的印象。这种设计类型趋同、千篇一律的发展模式，不仅会使游客日久生厌，而且造成彼此间激烈的竞争，增大了市场风险，导致一些地区开发效益下降。二是乡村旅游地重观光轻休闲度假的现象普遍。旅游体验涉及观光、休闲度假、专项旅游等，但目前乡村旅游地主要集中于观光旅游，而观光客逗留时间短，不可能产生足够的消费，"门票经济"突出，因此，游人的消费潜力有待发掘。

4. 季节性与周期性强

由于农业生产和社会生活的季节变化，以及农村自然环境的季节变化，使得乡村旅游资源具有明显的季节性和周期性特点。这致使乡村旅游旺季过旺、客源过于集中，旅游服务设施不能满足游客的需要，环境不堪重负而遭破坏；而淡季过淡、过长，客源不足，大量旅游接待设施闲置，淡旺季对比鲜明。季节性太强也会使其他旅游企业，如宾馆饭店、旅行社、旅游车辆，旅游餐厅等效益也难以提高，不利于吸引资金进行再投入，限制了乡村旅游规模的扩大。

5. 缺乏统一的规划管理

现实中，不少地方没有将乡村旅游资源的开发纳入区域旅游开发的大系统，进行统筹安排、全面规划，对乡村旅游资源开发和利用的盲目性很大，最终导致资源开发的形式单一、水平不高、档次低下、特色不强，在地域上分布较广，组织线路的难度较大，从而缺乏对客源市场的吸引力，难以形成集聚效应和规模效应。有些地区随意性利用，暂时性发展，导致对资源的极大破坏。从行业管理上看，一些地区对乡村旅游资源开发经营的管理力度不够，立法管理尚不健全，大多数乡村旅游协会也形同虚设，许多开发和经营行为得不到应有的规范。无证经营的现象普遍存在，不重视卫生、环保的现象较为突出。

（二）对乡村旅游资源可持续发展的相关建议

1. 提高经营管理水平，增加乡村旅游的经济效益

经济的可持续发展要求效益的取得应以资源的有效利用和有效管理为前提，根据都市旅游者对乡村旅游的特定需要，针对乡村特有的旅游资源，开发有特色、吸引力强的乡村旅游产品，并通过有效管理和合理控制，从而获得最大的经济效益，促进乡村经济的繁荣发展。延伸农村产业链，建立以当地农产品加工为龙头的企业，对当地土特产和手工艺品、纪念品进行深加工、精加工，力求上规模、上档次，为旅游者提供多样化的旅游商品以及农产品，刺激旅游消费，拉动市场需求，既可以完善农村产业结构，又可以提高乡村旅游的经济效益。农民还可以采用旅游与果园、菜园、经济作物、家禽家畜养殖相结合的乡村旅游经营模式，向游客提供绿色无污染的粮食、蔬菜、家禽，带动相关农副产品的销售，吸引游客进行餐饮消费，使农产品直接面对消费者，减少中间流通环节，降低经营成本，提高乡村旅游的经济效益。

2. 保护乡村传统文化，突出乡村旅游特色

乡村旅游文化的保护必须借助地方政府的力量，制定保护地方文化和社区特色的法规，并通过有效宣传，使旅游者充分尊重乡村社区文化和风俗习惯，同时鼓舞当地居民自尊、自爱，使他们相信通过旅游这种方式，可以增强他们

对所在社区的社会认同感和对文化的尊重。在乡村旅游产品的开发与建设中，要突出本土文化特色，要深入挖掘乡村旅游资源的文化内涵，保持乡村环境的真实性，营造传统文化的乡土气息和氛围，增加文化含量，融知识性、参与性于一体，留住游客，延长其逗留时间，树立"打造精品"的理念。要将乡村的环境旅游与文化旅游紧密结合起来。同时，应当依托乡村文化旅游资源和环境旅游资源，调查和分析市场需求特征，根据个性化的消费需求设计出不同的、层次性鲜明的产品，这样不仅可以吸引大批中高端市场的旅游者，而且也可以吸引中低端市场的游客，从而有效地扩大市场份额，并通过发展乡村旅游促进整个乡村社区的发展。

3. 保护自然生态环境，促进乡村旅游的可持续发展

对乡村旅游的自然生态环境的保护主要有以下三个方面：（1）按照循环经济的原则来发展乡村旅游，对旅游资源与旅游环境进行系统、综合地开发与保护。在生态系统意义上形成无污染、零排放的现代乡村循环经济产业链，实现乡村旅游的长期、和谐、可持续发展。（2）加强对乡村旅游景观的保护。不要轻易拆除有地方特色的古房旧屋，不要大兴土木，不要将乡村建筑现代化。当然，在条件许可的情况下，可修建一些具有地方特色和乡土气息的建筑。乡村旅游地的建设要尽量保持原汁原味。（3）加强对经营管理人员和游客的环境保护教育。对进入旅游区的所有人员（包括旅游社区居民和游客）开展以环境保护为主要内容的宣传教育活动，可以用标本、图片、图书资料、影视、录像、宣传手册等介绍景区概况、宣传生态环境知识。

4. 坚持乡村社区和居民收益的原则，积极促进社区参与旅游

乡村旅游对乡土民俗文化、乡土地域特征强烈的依附关系决定了乡村旅游的发展，最终离不开当地居民的积极参与，这就需要纯朴的民风来创造一个对旅游者具有亲和力、吸引力的氛围环境和合理的利益分配机制来保障乡村旅游可持续发展的生命力。

让当地居民普遍参与到乡村旅游活动中，成为乡村旅游可持续发展的主体，只有这样才能让居民真正从乡村旅游中受益，实现乡村旅游强村富民的功能。居民要参与旅游经济决策和实践、旅游规划和实施、社会文化发展规划的制定和方案的实施；乡村社区的参与要能在规划中反映居民的想法和对旅游的态度，以便规划实施后，减少居民对旅游的反感情绪和冲突，从而实现乡村社区旅游可持续发展的主要目标。

在乡村旅游发展中，政府应逐渐从主导向扶持、引导转移，注意开发与社区建设结合起来，以充分调动各方的积极性。可考虑的收益途径主要有：（1）通过引导以土地、宅基地或出租或入股获得租金、股金。（2）通过发展

乡村旅游业由农民成为农业工人获得薪金。(3) 通过开发特色乡村商品或自加工产品从销售中获得收入。(4) 政府为准失地农民建立公共财政，使农民享受到与城市居民一样的社保、医保等保障。(5) 保证有一定比例的旅游收入用于乡村发展建设，使社区直接受益。[①]

[①] 唐云松. 旅游资源学 [M]. 西安：西安交通大学出版社，2019：135.

第四章　区域旅游规划与开发

区域旅游是推动地区经济发展的一个非常有意义的领域。本章首先分析了区域旅游规划与开发的理论依据，进一步探讨了区域旅游的基本体系规划，论述了区域旅游开发的基本空间布局，最后详细地分析了区域旅游开发的基本类型。

第一节　区域旅游规划与开发的理论依据

一、旅游系统理论

（一）旅游系统的概念

系统由独立分离的并具有各自独特功能的不同部分（子系统）组成，通过各部分的有机结合，使整个系统具有一定的功能，但是整体功能大于部分功能之和。系统论作为一种基础理论，已经渗透到了各个学科和实际工作中。该理论强调了事物之间的相互作用、相互联系，并揭示了事物的动态特征，可以预示事物演变方向与强度。系统理论对研究综合性极强的旅游而言有着重要的意义，它为区域旅游规划与开发提供了方法论基础。由此可见，旅游系统可以作如下定义：旅游系统是由旅游客源市场系统、目的地系统、出行系统和支持系统四部分子系统组成，具有特定结构和功能的活动系统，是自然、经济、社会复杂系统的子系统。

（二）旅游系统的结构

我们可以将旅游活动视为一个开放的复杂系统，对该系统的特征的把握及

第四章　区域旅游规划与开发

其在旅游开发、规划、经营、管理中的应用，就是旅游科学的核心任务。因此旅游系统构架应包括四个部分，即客源市场系统、出行系统、目的地系统和支持系统。

1. 旅游客源市场系统

旅游客源市场系统是由现实和潜在的具有实际旅游能力的游客（有旅游动机、充足的可自由支配收入和时间以及健康体魄的人）构成，它促使一个地方成为客源地。游客对目的地的选择不仅要受个人爱好、实际经济能力和闲暇时间等个体特征的影响，而且也受客源地经济发展水平、社会文化特点、政府部门对旅游的态度及旅游政策等客源地社会经济背景的影响。客源市场系统可以从不同角度划分为许多子系统。按地区可划分为国际市场、国内市场、地方市场；按人口特点可分为老年人市场、成年人市场、青年人市场；按消费行为可划分为观光旅游市场、度假旅游市场、商务旅游市场等。在市场导向下旅游开发者应该注意研究旅游市场的变化和发展，研究不同旅游者的行为结构、消费结构，旅游的流量、流向等时空分布特征，以便对目的地旅游市场做出合理预测，继而合理组织旅游产品和营销策略。客源市场的调查、分析、流量（需求）预测、滞留期、人均日消费等，这是市场规划与开发研究的主要内容。

2. 旅游目的地系统

目的地系统主要是指为已经到达出行终点的游客提供游览、娱乐、食宿、购物、享受、体验或某些特殊服务等旅游需求的多种因素的综合体。[1] 它是旅游系统中与旅游者联系最密切的子系统。具体来讲，旅游目的地系统由旅游吸引物、设施和服务三方面要素组成。

旅游吸引物是在旅游资源的基础上经过一定程度的开发形成的，一般包括景观系统和旅游节事两个部分，因此有时可以将吸引物系统近似地理解为旅游资源系统。景观系统一般可以分为原赋景观（主要包括自然遗产景观和文化遗产景观）和人工景观（主要有游乐场、主题公园、现代城市休闲设施等）两种类型。旅游节事是指围绕某一事件如啤酒节、桃花节、服装节、火把节等组织的意在吸引旅游者前往观看、参与的活动。

设施子系统包括除交通设施以外的基础设施（给排水、供电、废物处置、通讯及部分社会设施），接待设施（宾馆、餐饮）、康体娱乐设施（运动设施、娱乐设施等）和购物设施等四部分。这些内容常常是政府和开发商特别关注的事项。

---

[1] 张新生. 区域旅游规划研究 [M]. 北京：中央文献出版社，2009：35.

在目的地系统中常常受到忽视的因素是服务子系统。服务子系统是一类特殊的子系统，它是构成目的地吸引力的有机组成部分。虽然它大部分情况下是非具象的，却可起到举足轻重的作用。旅游人类学、旅游心理学和旅游社会学对此有较大关注。

3. 旅游出行系统

出行系统是为旅游者由旅游客源地到旅游目的地的往返以及在旅游目的地进行各种旅游活动而提供的交通设施子系统（包括公路、铁路、水上航线、空中航线、缆车、索道）、由旅行社提供的旅游咨询、旅行预订和旅行服务等，以及政府和各旅行服务机构、旅游销售商向旅游者提供的信息服务、旅游宣传、营销等子系统。

4. 旅游支持系统

客源市场系统、出行系统和目的地系统共同组成一个结构紧密的内部系统，在其外围还存在着一个由政策、制度、环境、人才，社区等因素组成的支持系统。在这一子系统中政府处于特别重要的位置，此外旅游教育机构也担负着非常重要的责任。支持系统因旅游大系统的存在而存在。应成为旅游规划中需要重点考虑的部分，没有政策保障、人才教育和培训等支持的旅游系统，将会导致旅游发展的影响恶化、资源损毁、服务质量低下、经济衰退等不良后果。实际上，从某个角度而言，旅游发展战略的制定及其实施本身，就可看成是某种形式的旅游健康发展的政策支持，即旅游发展战略编制行为本身也是旅游系统的一个组成部分，是旅游业可持续发展的必要保障。从更广泛的意义来说，由于众所周知的旅游活动的"无限关联"，旅游系统是一个依赖于很多行业支持的系统，旅游规划必须协调旅游业与这些行业的关系。

二、地域分异规律与劳动地域分工理论

（一）地域分异规律

地域分异是指自然地理环境各组成成分及整个景观在地表按照一定的层次发生分化并按照一定的方向发生有规律分布的现象。① 影响地域分异的因素主要有太阳辐射、地球内能和地形等。由于自然要素分布的空间差异而导致人文要素在地表也有一定的空间分异。对地域分异规律的认识，目前有以下几种：

1. 纬度地带性的分异

由于太阳辐射纬度分布不均匀而引起的气候、水文、生物、土壤及整个自

---

① 郑耀星，储德平. 区域旅游规划、开发与管理 [M]. 北京：高等教育出版社，2004：23.

然景观大致沿纬度方向延伸分布并按纬度方向递变的现象。如热带、亚热带、暖温带、温带、寒温带、寒带等。

2. 经度地带性的分异

由于海陆相互作用，降水分布自沿海向内陆逐渐减少，从而引起气候、水文、生物、土壤及整个自然综合体从沿海向内陆出现变化的现象。如我国从东南沿海向西北出现了湿润区、半湿润区、半干旱区和干旱区，相应植被上表现为森林、草原、荒漠的变化。

3. 垂直地带性的分异

由于山地等海拔高度的变化而导致气温、降水等的变化，从而引起气候，水文、土壤、地貌、生物等的相应变化，如果这一地点在热带，且具有足够的海拔高度，从山脚到山顶可能有热带雨林、阔叶林、针叶林、高山草原、高山草甸、冰雪带等。

4. 地方性的分异

由于地形、地面组成物质、地质构造等的影响，表现出随着地势起伏、坡向不同而呈现出不同的景观。地域分异规律实际上已经阐述了旅游资源分布的地域差异性，受其影响，人文地理环境、经济地理环境同样也表现出地域上的差异。

(二) 劳动地域分工

地域分工，又称劳动地域分工，是指人类经济活动按地理（或地域）的分工。就是各个地域依据各自条件和优势着重发展有利的产业部门，以其产品与外区交换；又从其他地区进口所需要的产品。这种一个地区为另一个地区生产产品并相互交换其产品的现象，就是劳动地域分工。劳动地域分工是社会分工的空间表现形式，在认识劳动地域分工规律基础上，人们自觉地组织与协调自身经济行为，通过合理的地域分工，以求得最佳的经济效益。劳动地域分工表现为各个地区专门生产某种产品，有时是某一类产品甚至是产品的一部分，这种表现是经济利益决定。劳动地域分工的组织与协调是地域分工发展的客观必然，是化解区域间发展冲突、保证区域有序竞争、共同致富的重要手段。劳动地域分工理论基本原理应包括四个方面：一是地域分工发展论；二是地域分工效益论；三是地域分工层次论；四是地域分工组织与协调论。

对劳动地域分工理论最早进行阐述的首推亚当·斯密（Adam Smith）。他是英国18世纪的古典经济学家，在其《国富论》一书中，对分工问题最早进行了精辟阐述。他认为通过分工（包括地域分工）会给整个社会带来巨大经济利益。① 每一个生产者为了其自身利益，应根据其当地条件，集中生产在社会上绝对有利可图的产品，然后用其销售所得，去购置所需的其他物品。推而广之，地区之间或国家之间也应形成这种以绝对利益为原则的地域分工。分工是提高社会劳动生产率和增加社会财富的重要源泉。他的学说对解释当时国际间和地区之间的地理分工、促进国际与国内贸易乃至解释生产力布局等问题的解决等均起到了积极作用。

（三）地域分异与劳动地域分工理论对旅游开发的意义

地域分异规律实际上说明了旅游资源分布的地域性。地域性实际上就是同质性问题和异质性问题。就某一地理要素或若干地理要素的结合来说，区域内是同质的，在区域间是异质的。地域分布不仅表现在自然景观上，而且也表现在人文景观上。如在大陆内部和受到热带高压控制的区域出现沙漠，相应地出现了沙漠风情，它的建筑、古遗址遗迹、民族、宗教、民俗等都表现出独有的特征。在山区，由于一般海拔高度每升高100米气温下降0.6 ℃，因而使一些山区如庐山等成为避暑胜地。一些山区由于对外交通不方便，文化交融较少，因此保留了更多的较原始淳朴的民族风情等，而成为人文旅游资源。有的山区开发层次较低，破坏不那么严重，结果保存了较完好的生态系统，成为生态旅游地。

地域分异规律是产生旅游流的根本原因。② 在旅游现象中出现的地域分异特征表明地域性是旅游业最基本的特征之一，因此，旅游开发要突出地域的差异。差异是区域旅游业的灵魂，差异性越大，越能产生旅游者的空间流动；差异越大，旅游产品越具吸引力，也越能削弱旅游产品之间的竞争，延长旅游地生命周期。如福建沿海地区除了山海兼备的特色旅游资源外，闽台文化就是独树一帜具有区域差异特色的垄断性资源。因此，旅游资源的开发一定要符合地域分异规律的要求。

依据劳动地域分工理论，地域分工的发展体现了区域发展的本质。旅游经济同样也具有地域性发展的本质。因此，合理的地域分工不仅能充分发挥各个地域的旅游资源的优势，促进旅游经济的发展，同时也可以促进合理的旅游地域网络结构与旅游地域产品组织系统的形成，使地域间旅游产品布局更加科学合理。通过合理的地域分工可以促进人力、物力、运力、财力和时间的最大节

---

① 王庆生，冉群超，沈长智，等. 旅游规划与开发 第2版 [M]. 北京：中国铁道出版社，2016：48.

② 苗雅杰，王钊. 旅游规划与开发 [M]. 北京：中国财富出版社，2013：37.

约，以达到取得最大的宏观经济效果的目的。如福建省旅游区划和发展方向就是根据地域分异规律和劳动地域分工进行划分的，即考虑根据旅游区划的资源特色及其组合，考虑交通和游客的行为，列出每个旅游区的发展方向与开发建议。

人类经济活动是在地理空间上展开，因此必然要与具体的地域相结合。地域分异和劳动地域分工理论揭示了当代产业分布、经济网络结构和经济地域系统形成发展的客观规律性。为了使资源配置在不断扩展的空间范围内调整重点和地域分工合理化，人们通常通过增长极、点轴发展模式等去组织和协调区域发展进程。同时，地域分工发展使地区间旅游业联系加强；地区间、行业间竞争也加剧，一些区域为了提高自身在竞争中的地位和作用，获取规模效益和比较效益，也相应建立起区域共同体或协作体。可见，劳动地域分工的组织与协调是地域分工发展的客观必然，是化解区域间发展冲突、保证区域有序竞争、共同致富的重要手段。

第二节　区域旅游基本体系规划

一、区域旅游产品体系规划

旅游业的发展离不开旅游产品的强力支撑，旅游产品是旅游者产生购买欲望和行为的主因，是旅游规划者最有作为的对象。区域旅游产品体系的构建要考虑该地区的各种自然和人文因素以及客源市场日益变化的需求，因此旅游产品的开发是一项意义重大的系统工程。

（一）区域旅游产品体系规划的原则

1. 区域性原则

（1）区域旅游产品构成要素的区域性

区域旅游产品构成要素总是分布在一定的地理空间，其形成受特定区域的地理环境各要素的制约，又反过来反映着区域环境的特色。如中国北方与南方地理环境的差异，造成自然景观、人文景观南北特色迥然不同。北方山水浑厚，建筑体型巨大，人的性格粗犷、豪放；南方山清水秀，建筑玲珑剔透，人的性格细腻、灵秀。正是由于这种区域分异性，才激发了旅游者的求新、求知、求奇的心理欲望，促进旅游者的空间移动。所以，区域旅游产品体系构建时要突出区域的不同特色。

（2）区域旅游产品体系功能的区域性

不同的旅游产品要素构成不同的旅游产品体系，不同的旅游产品体系决定了不同的系统功能。

2. 系列化原则

区域旅游开发要靠旅游产品作为支撑，更需要系列化的旅游项目来维持和增强区域旅游的特色和优势，最终促进旅游业的长期发展。

3. 提升性原则

把旅游产品体系提升到一个更高的层次，这是区域旅游产品体系的构建的重要目标。具体表现为深入挖掘旅游资源的内涵；提升旅游产品层次；优化旅游产品的结构；完善旅游活动和旅游线路的组合；提高旅游景区景点的集合优势等。因此，这就要求旅游规划专家对整个旅游区旅游资源的自然环境和人文环境、旅游资源的空间分布、旅游市场的客观需求等有全面而深入的了解。

4. 精品化原则

旅游精品是区域旅游产品体系中的精华和标志性的产品，它们集中地体现该区域的旅游资源的特色和旅游总体形象。因此，确定区域的旅游精品要非常慎重，这已成为旅游区能否向旅游胜地转变的关键因素。

一般来说，旅游精品确定的条件包括：旅游资源在国内外（包括周边地区）具有垄断性和稀有性；景观品位高、科学文化价值大；产品符合中外旅游发展潮流，拥有巨大而稳定的市场；符合人们求美、求知、求新的审美情趣。

（二）区域旅游产品体系规划的内容

从旅游产品体系的内容上来看，旅游产品体系一般由三大部分构成，即旅游景点、旅游线路和旅游节庆活动。

1. 旅游景点的开发

旅游景点是旅游产品体系中最基础的要素，是形成区域旅游核心吸引力的最小单元。对于区域旅游景点的开发，主要是将现有景点的优化与规划景点的建设相结合，通过旅游景点的优化组合形成区域各种类型的旅游产品系列。并在各种类型旅游产品系列的基础上，甄选出最具竞争力的旅游景点和景区形成若干个区域旅游精品。

（1）旅游景点开发的内容

旅游景点开发是一项综合性的经济文化建设活动，其主要内容包括：

第一，规划平面布局和功能结构。[①] 旅游景点开发的首要内容，是在规划范围内，按照开发构想和发展目标，对旅游资源和开发条件进行配置和设计，提出平面布局和功能结构的方案，使以后的开发建设按照既定方案有序进行。未经开发的旅游资源以纯自然的状态存在，经过开发的旅游景点则更多地体现人为的作用和文化科技的积淀。按照规划建设的旅游景点将为游客提供更具美感的景观和更全面的服务，使空间分割更具艺术性，游程更加丰富多彩。

第二，设计景物和配套设施。景物和配套设施的设计，包括总体设计、系统统计和单体设计。总体设计指主景、主景区和标志性建筑的设计。系统设计指水陆交通系统、供电供气给排水系统、通信医疗系统、绿化系统等。单体设计指各种建筑物、构筑物和园林建筑小品设计等。配套设施包括游憩设施、公用设施和服务设施等。设计工作技术性强，一般由专业部门承担。设计图纸包括效果图和施工图，它们是落实规划的终极安排，是施工建设的依据。

第三，施工建设。是将设计图纸变为真实景物的过程，是开发工作从无形到有形的转变阶段。旅游景点景区的施工建设，不仅包括土建、装潢、陈设布置，还包括游艺设施的安装调试，各种附属设施的施工。

第四，建立和健全管理系统。旅游景点景区开发的内容之一，是建立一个合法的有权威的管理系统和管理机构。这个管理系统包括法人代表、主管领导和工作人员，有明确的管辖范围、经营内容、效益目标和部门分工，有管理条例和监督机构，负责旅游景点景区的开发和保护。

第五，营造良好的外部环境。这是容易被忽视的内容。旅游景点景区开发，必须包括营造良好的社区关系，争取社区的支持和帮助，还要积极主动地参与社区的活动和建设。唯有如此，才能塑造良好的外部形象，赢得良好的生存环境和营销环境，取得良好的经济效益、社会效益和环境效益。

（2）旅游景点开发的程序

旅游景点开发可分为两大部分：一部分是开业前围绕施工建设进行的开发；另一部分是开业后围绕经营管理进行的开发。开业前的开发程序主要有四个环节：第一，项目建议书和投资机会调查；第二，可行性研究和项目决策；第三，规划设计；第四，施工建设。这四个环节的目标和重点各不相同，但首尾衔接，不能颠倒。前两个环节又可称为前期准备阶段，后两个环节可称为实际启动阶段。这两个阶段四个环节完成后，旅游景点开发便进入开业后以经营管理为中心的开发阶段。

---

① 杨正泰. 旅游景点景区开发与管理 [M]. 福州：福建人民出版社，2000：14.

2. 旅游线路的优化设计

（1）旅游线路设计的概念

从专业角度来说，旅游线路是指旅游经营者或旅游管理机构向社会推销的产品。在时间上，它从旅游者接受旅游经营者或旅游管理机构的服务开始直至圆满完成旅游活动、脱离旅游经营者或旅游管理机构的服务为止；在内容上则包括在这一过程中旅游者所利用和享受的一切，涉及行、食、宿、购、游、娱等各种要素，并且各个环节环环相扣、密切配合、有机安排在事先确定的日程中。因此，旅游线路的设计就是对旅游者的活动时间和活动内容进行合理的安排和组织。优秀的旅游线路在其投入运行前应该就已具备对游客的足够吸引力，运行中则能使游客感到舒适和不断出现的新奇感，运行结束后仍然能使游客保持一种长久的余味无穷的体会。

（2）旅游线路设计的原则

旅游线路设计中应遵循的原则主要有两大方面：一是尽可能满足游客的旅游愿望；二是便于旅游活动的组织与管理。旅游线路设计在遵循以上两大原则的基础上，还应兼顾到以下原则：

第一，突出主题原则。旅游线路设计是旅游经营者或旅游管理机构的一种导向性设计，因此必须努力反映该旅游项目的主题，并尽力去加强和突出这一主题。如果是一般观光旅游线，应尽量安排丰富多彩的游览项目，在有限的时间内，让游客尽可能多地参观领略该地区有代表性的风景名胜和社会民俗风情。在确定旅游项目主题后，在起讫点之间选择一条主题旅游内容丰富、交通便利、游客精力许可的路线，这会收到更好的效果。如果是专项旅游线路，则应根据所确定的具体专题组织景点和活动内容，做到合理选择，大胆取舍，处理好主辅关系，以突出主题性质。总之，只有主题鲜明的旅游线路，才是一条成功的旅游线路。

第二，游程多样原则。游客的需求是多种多样的，设计多条游程，以供不同层次和需求的游客选择和拼合，使他们灵活参与，具有主动感，这样更能激起他们的旅游兴趣，促成旅游活动的实现，收到更好的旅游效果。

第三，冷热平衡原则。旅游线路设计者要从全局观念出发，做到以热带冷，平衡发展。其实，任何一个旅游区都有一个从冷到热的发展过程，并具有各自特点和资源优势。设计和开发旅游线路就是要不断发掘新的资源特点和吸引点。首先，必须调查哪些景点资源是相互补充的，哪些景点资源是相互制约的，以便在设计时充分利用和发挥资源特色，克服制约作用，增强互补作用；其次，应当知道，区域内某些景点，尽管目前还可能处于"温"或"冷"状态，但其资源特点往往与"热"景点是互补的，有利于增强主题思想；最后，旅游线路开发设计要独具慧眼，大胆创新，另辟蹊径，破除老路线、老面孔的从众思想，不断开拓新景点、新路线，尽快使"冷"点通过扶植变得"热"起来，从而带动整个区域旅游的平衡发展。这既能提高游客的"旅游价格性能比"，又能促进旅游区的扩散和持续发展。

第四，安全可靠原则。旅游线路的规划设计，一方面要保证游客的生命财产安全；另一方面，要遵守旅游地的安全保护规定，使旅游线路巧妙地避开不宜暴露的军事禁区、保密设施。旅游活动不应安排涉嫌经济技术泄密的内容。

(3) 影响旅游线路设计的主要因素

第一，旅游资源特点。旅游资源的品位、规模及其特色是影响旅游线路设计的重要因素，它直接决定了旅游线路规划设计的方向、内容和灵活度。一般来说，若旅游区拥有数量较多、品位较高、特色鲜明的旅游资源，那么就可以设计多条主题鲜明，内容丰富，灵活度较高的旅游线路。

第二，旅游景点（区）的空间格局及组合特点。旅游景点（区）的空间格局及组合特点直接影响到旅游线路的数量、形态、走向和结构体系。如果旅游区空间几何形态呈块集状，一般在旅游区内可以形成两条或两条以上的一级旅游线路；如果旅游区空间几何形态呈线状或带状，在这样的旅游区一般只有一条一级旅游线路。旅游区内景点若是围绕旅游中心城市集中分布，则有利于设计以旅游城市为中心的多条环形或辐射形旅游线路，若景点远离中心城市或深居边远地带，则不利于形成旅游线路，但如果这类边远的景点旅游质量很高，对游人的吸引力很强，或是若干个景点成群分布，则有可能以当地城镇为依托形成次一级的新兴旅游区和旅游线路。旅游区内部如果存在阻碍游人穿行的自然地形障碍（如高海拔、雪山冰川、大漠、江湖、沼泽等），必然影响旅游线路的走向，旅游线路必须绕过这些自然障碍。

第三，客源市场特征。游客的旅游行为偏好及旅游行为综合特征是旅游线路设计的重要依据。首先，各类游客具有不同的旅游偏好和行为特征。如欧美游客则慕名中国灿烂的古文化，日本游客则偏重于佛教文化、科学考察与研修以及多民族风情旅游；其次，不同的职业、年龄和文化素养的游客，其旅游动机也各不相同，这在线路设计时应充分考虑；最后，旅游线路的设计还受游客行为规律的影响，当旅游成本已确定时，整个旅程带给游客的体验水平只有等于或大于某一确定水平时游客才会出行。

第四，旅行通道与交通设施的往返联结及组合。旅行通道的畅达性和旅游交通方式联合运营程度也是旅游线路设计的一个重要依据。旅游客源地与旅游目的地之间、旅游目的地各景点之间、旅游景点与旅游依托城市（旅游服务中）之间的旅行通道要满足游客"进得来、出得去、散得开"的需求，尤其是在旅游旺季时，旅游线路设计一定要考虑这个因素，因为它直接影响了游客的旅行质量和重游率。多种旅游交通方式的良好结合也有助于提高游客的旅行满意度。总之，要尽量做到便利、高效、快速、安全、经济。

（4）旅游线路设计的步骤

第一，调查旅游客源市场的消费倾向和水平，确定若干条旅游线路的主题和价位。第二，列出所有可以为游客服务的旅游景点、旅游交通设施、旅游餐馆、旅游饭店等名称和价格。第三，综合考虑旅游线路的主题与旅游景点，旅游线路价位与不同档次旅游基础设施和服务设施的搭配，设计若干条可供选择的线路方案。第四，选择较优的几条旅游线路。第五，通过游客和导游等旅游接待人员意见反馈，调整旅游线路中的部分旅游景点以及其他旅游接待服务，在动态中优化旅游线路的设计。其中，第三个步骤是关键环节，起着传承作用，也是技术含量较高的一步，要花费设计者较多的时间和脑力。

3. 旅游节庆活动的开展

旅游节庆活动是依托某项或一系列旅游资源，以吸引大量旅游者的主题性节日盛事。旅游节庆活动是动态展示区域旅游特色的重要媒介，它可以激活旅游静态吸引物、强化区域旅游形象以及促进区域旅游形象的推广，是旅游产品体系中重要的组成部分。通过建立区域相关节庆事件资源库，并对其旅游促进效果加以定量评价，设计出满足目标市场游客需求的一系列主题旅游节庆活动。

（1）旅游节庆活动类型

第一种，休闲型旅游节庆活动。这是一种为了从都市的喧闹中暂时脱离出来而外出旅游的类型，一般以温泉疗养等为主心。旅游者既不喜欢旅游者过多的地方，也不喜欢旅游者甚少的目的地，是顺其自然的类型，有强烈的重视自然的倾向。

第二种，交际型旅游节庆活动。这是一种比较倾向于选择人群聚集的旅游地，希望在目的地与更多的人相聚或有令人兴奋的事件发生的类型。这种类型的旅游者比较喜欢纯娱乐性的节庆活动，因此，与其在联欢宴会上安排精湛的艺术表演，不如选择纯娱乐性的表演更能引起旅游者的共鸣。

第三种，运动型旅游节庆活动。这是一种选择以进行滑雪或打网球等运动的旅游地为目的地的类型。这种类型的旅游者更加重视同行者和对旅程的安排，其中也有一部分兼有"交际型"旅游者的特点。

第四种，野外型旅游节庆活动。这是一种选择户外或模拟户外为目的地的旅游类型。选择这种类型的旅游者中的相当一部分也兼有"炫耀型"旅游者的特征。

第五种,家族型旅游节庆活动。这是一种倾向于能让妻子和儿女等家族成员都觉得满意的旅游地的类型。这种类型的旅游者对旅游目的地的选择比较挑剔。

第六种,购物型旅游节庆活动。这是一种倾向于选择文化性较强、比较古典或有历史的节庆活动目的地的类型。这种类型的旅游者大多数是女性,男性极少,并且传播性极广。

第七种,自然型旅游节庆活动。这是一种漫无目的的旅游类型。这种类型的人似乎很多,但实际上很少。

(2)旅游节庆活动的构成要素

①兴奋要素

这是旅游节庆应具备的首要要素。因为能令人兴奋的或狂热的节庆活动才能引起广泛关注和参与。

首先,旅游节庆要避免乏味和枯燥,要特别设计"偶发性"事件。这是因为现代社会的方方面面都逐渐步入程序化,更多的人希望在乏味枯燥的生活中有预想不到的事情发生,并为此而兴奋。旅游节庆的这种偶发性在某种意义上也可以称为"非特定性"。

其次,旅游者期待"参与性"的活动。人们对旅游节庆的关注已经不仅仅停留在作为旁观者,而是希望作为参与者加入旅游节庆的活动中去,体验其中的快乐和兴奋。这就要求节庆项目的设计要增强公众参与的含量,而万民参与本身又可以成为一种壮观的旅游景象。

最后,旅游者期望有"竞争性"的节庆,如各种体育比赛等,这也是令人兴奋的重要因素。就是说,即使是一时也好,能让旅游者全身心地投入某项活动中去,或热衷于某一事件中的"兴奋要素",是创造有影响力的旅游节庆不可缺少的要素之一。

②娱乐要素

旅游节庆要避免繁杂和陈旧。[①] 因为能使人感到轻松和快乐的节庆活动才能成为旅游者的选择对象。一般来说,主办方都不情愿让节庆活动显得简单和容易,但事实上,旅游者却往往喜欢这类活动,如焰火大会、拔河比赛等。虽然旅游节庆的主办方必须重视旅游节庆的目的和效果,但是值得注意的是,不能错误地认为主办方内部所关心的焦点,如旅游节庆的经济效益和经济外效益等是所有旅游者所关注的要素。

---

① 黄翔,连建功,王乃举.旅游节庆与品牌建设 理论·案例[M].天津:南开大学出版社,2007:42.

③炫耀要素

旅游节庆也应避免平淡无奇，能成为日后向人夸耀和谈话资料的节庆活动对旅游者最有吸引力。如果把"炫耀要素"再进一步细分，其中之一就是"有名性"。比较著名的节庆活动，通常旅游者都想去看看，传统的节日一般名气都很大，也有很强的吸引力。

"古典性"也是值得炫耀的话题，人们对古典的东西往往有一种强烈的偏爱，但具有古典性的旅游节庆必须保持其正宗的真实感，不是真品的"古董"是没有生命力的。节庆的确定要与当地的历史内涵相一致，并将这种历史文化与现代科技相融合，创造出一种现代而精致的古典和粗犷，而不是简单的历史照搬或伪造。"稀有性"可以满足人们的猎奇心理，"物以稀为贵"，旅游节庆也一样。"稀有性"和"古典性"相同都必须是"真品"，不能模仿，否则就失去了其固有的含义和价值。"远离性"是一种非日常性的表现，是指一些距离比较远的或远离普通的生活形态的节庆活动。同人们每天的日常生活相差悬殊的节庆活动，对旅游者也很有吸引力。实际上，很多旅游节庆不只具备一种要素，往往是几种要素的复合。内含要素越丰富，其吸引力越大，价值含量也越高。因此，研究旅游者的需求，开发出受旅游者欢迎的旅游节庆活动，是旅游节庆保持长久的生命力，并得以持续发展的根本途径。

（3）旅游节庆活动的运作模式

旅游节庆活动要逐步从政府主办向政府创导、部门参与、社会支持、市场运作的方式转变，实现经济效益与社会效益的统一。

"政府创导"是指政府根据社会发展的需要，提出一些旅游节庆活动的主题，并给予有关政策支持。

"部门参与"是指在政府的倡导和政策支持下，各部门要充分利用本部门的资源和信息，积极配合旅游节庆活动的举办。旅游节庆活动的成功举办不仅需要与节庆活动直接相关的部门的全力支持，还需要公安、卫生、工商、交通、宣传等部门的大力配合。

"社会支持"是指社会公众和传媒的大力支持。只有公众的积极参与，才能创造良好的人文环境；只有传媒的有效宣传，才能为旅游节庆活动提供优越的外部环境。

"市场运作"是指依据市场经济规律，由企业具体设计和操作。企业根据自身的实力和特长，充分利用政府、部门以及社会提供的支持和有利环境，实行自主经营、自负盈亏的市场经济运作模式，以期获得良好的经济效益和社会效益。

二、区域旅游设施体系规划

(一) 区域旅游开发的交通设施规划

交通是发展旅游的前提条件，交通的发展促进了旅游业的发展。[①] 目前全球旅游的蓬勃发展，与当代交通设施的改进和完善息息相关，旅游交通的类型和技术状况很大程度上决定了旅游的容量、流量、细分市场、价值与特征。在旅游发展规划中，交通设施建设是旅游基础设施建设的重中之重，是区域旅游开发建设的先导环节。

1. 旅游交通设施规划的基本思路

旅游景区景点与交通设施相配套，"景随路建，路为景开"，旅游交通建设适度超前，旅游交通设施合理搭配，是编制旅游交通设施规划的基本思路。

一方面，旅游景区景点选址时应首先考虑已有的交通条件和近期交通建设计划，优先开发交通条件好的景区景点。有些即使景观很好的地方，但如近期内无法解决交通进入问题，也不宜列入近期开发之列。这就是"景随路开"。

另一方面，有些资源品位高、市场潜力大、开发前景好的地区，旅游开发能直接推动当地的扶贫开发、经济起飞。虽然目前交通可进入性很差，但有条件通过上级支持和本地筹资进行交通建设。在这种情况下，可考虑优先安排交通建设，为旅游开发铺路架桥。这就是"路为景开"。

旅游交通规划的编制不论是民航、铁路，还是公路、航运，其必须以客源市场的现实需求和潜在需求为导向，在数量、规模和设备档次上适应游客的规模和消费能力，并且适度超前。过度超前就会造成设施空置和浪费，不适度超前则不能满足进一步发展的需求，改建、扩建时同样会造成巨大的浪费。

旅游交通设施规划不能简单地满足于"进得来，散得开，出得去"，还要考虑向游客提供有特色的多种交通工具和技术工程的综合服务，这种综合服务不仅能够满足旅游者出行和消磨时间为目的，还能丰富旅游者整个旅行活动的内容并提高其满意度。因此，旅游交通建设要多种运输方式配合，搞立体开发。

2. 旅游交通设施规划的基本内容

旅游"大交通"建设是指联结旅游客源地和旅游目的地之间的交通设施建设，主要包括与航空、铁路和公路有关的建设。旅游"小交通"建设是指联结景点景区之间的交通设施建设，主要包括与公路有关的建设。旅游综合交

[①] 隆玲，袁理锋. 旅游职业素养 [M]. 上海：上海交通大学出版社，2019：6.

通建设是指包括"大交通"和"小交通"在内满足旅游多样化需求的立体式组合交通设施建设。

(1) 旅游大交通建设

第一，空中旅游交通建设。空中旅游交通建设包括航空交通线、航空机和机场三个部分组成的空中交通建设。而机场建设又是这三者中最优先考虑和关注的。在区域旅游发展规划中，应从本地国内外游客的现状、来源、民航游客份额及增长态势来考虑是否新建机场及机场的规模。一般情况下，在已有机场四五百千米以内，不宜再新建新机场。已有机场的，考虑增开通往主要客源城市的航线，如国际和海外游客有较大增长，考虑开辟为国际航空港；在旅游旺季，开办旅游包机业务。在重要旅游区（点）开辟中短距离的旅游专机航班。

第二，铁路旅游交通建设。铁路旅游交通建设包括铁道、机车车辆和铁路车站三个部分组成的铁路交通建设。在旅游规划和开发中，铁路建设和线路开通是重点内容。在区域旅游规划和开发中，要依据现有的铁路设施和近期规划中的铁路设施，规划和开发这些铁路沿线的旅游景区和景点。同时旅游部门与铁路部门要共同努力加强合作，争取开通更多、更舒适安全的旅游专列，或在旅游旺季和节假日开通旅游专列或加挂旅游车厢。而且旅游专列最好夕发朝至，游客夜卧车上，既"行"又"住"，省时又省钱。

第三，公路旅游交通设施。公路旅游交通建设包括公路、汽车车辆和各停车场三个部分组成的公路交通建设。在区域旅游规划和开发中，公路的修建和旅游景区（点）的停车场是重点考虑内容。旅游部门要与公路部门配合，争取修建一些直达或停靠旅游景区（点）附近的高等级公路尤其是高速公路，缩短旅游客源地与旅游目的地之间的"距离"，促进旅游尤其是国内旅游的规模，最终促进本地区旅游业的发展。

(2) 旅游小交通建设

旅游"小交通"主要通过汽车来解决，还包括游船、缆车、人力车、畜力车、电瓶车、小火车等运载工具。在区域旅游规划和开发中，要规划通往各旅游景区景点的汽车的指路牌、停车场、加油站等辅助设施，还要规划水上运输通道，并配以游船、码头等设施，在景区景点内要慎重规划旅游交通工具。

(3) 旅游综合交通建设

旅游综合交通是在旅游"大交通"和"小交通"联合运输的基础上，为适应旅游业发展的需要，满足旅游者多样的需求而逐渐形成的，综合利用各种交通运输工具，比较经济、合理、迅速，方便地完成游客运输的一种重要运输形式，它具有自身固有的基本特性。旅游综合交通不仅需要交通部门的大力支持，还体现了旅游线路组织者的智慧。一条好的旅游综合交通不仅能够满足游客的空间转移过程，而且还能够大大提高游客旅行的质量。因此，在进行区域"大交通"和"小交通"建设的同时，还要注意各种旅游交通方式的协调和衔接。

(二) 区域旅游开发的住宿设施规划

旅游住宿设施主要以旅游饭店为基本设施，并加上一定范围的辅助设施，形成区域旅游发展设施体系中最重要的组成部分之一。旅游住宿设施规划主要包括两个方面的内容：一是预测、确定旅游床位及档次；二是确定旅游住宿设施的空间布局和主题风格。

1. 预测、确定旅游床位与档次

（1）确定游客床位数

确定游客床位数的计算方法主要有两类：第一类，主要以市场需求为计算依据，可根据所积累的旅游淡旺季游客人数的变化、年游客日平均数来确定旅馆床位，或参照其他旅游区经验，做出综合推测。第二类，主要依据承载容量（如水资源容量、用地条件及其他保护要求），确定该地床位数的上限（包括旅游床位和工作人员床位数）。

（2）确定结构（档次）合理的旅游床位数

目前我国涉外饭店客房数出现总量过剩现象，但随着国内旅游业的兴起，适合一般国内旅游者入住的非星级饭店却相对不足。可以说，中国旅游饭店的床位数结构性失调严重。其造成的结果是一方面很多的游客找不到合适的饭店入住；另一方面是很多的饭店的床位租售不出去，这种失调导致大量资源设施的闲置，严重影响了经济效益。

区域旅游住宿设施规划要对一个地区旅游住宿设施高中低档的比例做出基本界定。一般来说，在经济发达、以海外和国内大、中城市客源为主的地区，应规划相当的高档饭店、较多的中档饭店。在经济欠发达，以国内中、小城市客源为主的地区，应以低档饭店为主，配以少量的中档饭店。

确定高、中、低档饭店的比例，首先应对本地区现有饭店的床位进行调查摸底，计算出现有饭店中哪个档次能满足市场需求，哪个档次的饭店不能满足市场需求。然后对本地区目前和规划期内的客源的数量和消费档次进行分析和预测，作为对饭店建设进行宏观调控的依据。

2. 确定旅游住宿设施的空间布局和主题风格

（1）空间布局既要相对均衡又要有重点

在规划旅游住宿设施建设时，必须在全面调查客源流量和流向现状及其趋势的基础上，对它们的空间布局进行安排和调整。总的原则是：一要有重点，在客流量大、过夜游客集中的地区，安排多一些、相对集中一些；二要注意相对均衡，在现有住宿设施缺乏的地区，也要根据现在和将来客源的流量安排适量的住宿设施；三要注意住宿档次和类型的合理搭配，已能满足需求的不再新建，不能满足需求的要新建，档次不够的或新建或改造已有的使之升级。

（2）主题风格要与自然环境和人文环境相融合

在区域旅游设施规划中，虽然不关注住宿设施本身的建筑设计细节和管理运营的技术程序，但是也要确定旅游住宿设施的主题风格，使之与区域的自然环境和人文环境以及游客的多样化需求相融合，这一方面有助于与本旅游区的自然环境和人文环境协调一致并突出本旅游区的特色和主题，使旅游设施成为旅游资源的一个重要的组成部分；另一方面也体现了本旅游区对游客的人文关怀，有助于提高游客的满意率和重游率。因此，在区域旅游设施规划中，要在总体上对住宿设施的功能、选址、规模、体量、高度、风格和质料提出设计的原则性要求。

住宿设施的建筑风格，一要具有地方特色，与当地的传统建筑风格相协调；二要与饭店本身的功能性吻合，与饭店所在地的人文环境相一致；三要富有个性，成为当地独树一帜的建筑物；四要与周边的自然环境相融合，不破坏自然生态环境的和谐；五要尽可能节省原材料和能源，特别是山地、草原地区的绿色度假住宿地，尽量使用风能、太阳能、自然采光、自然通风，使用循环水等，这样既减少经营成本，又保护资源和环境，符合旅游可持续发展的原则。

（三）区域旅游开发的餐饮设施规划

餐饮是旅游生活的重要内容和旅游收入的重要部分，是旅游地形象的重要方面。我国各地的饮食文化相当丰富，对国内外游客有着极大的吸引力。而且随着旅游业和经济的发展，人们的饮食层次正逐步转变，已由现在的基础层次——佳肴品尝游，向发展层次—饮食医疗保健游和享受层次—饮食文化旅游逐步递变。因此，区域旅游饮食文化开发和餐饮设施的建设有助于丰富旅游活动内容、提高旅游品位，促进旅游业的发展。旅游餐饮设施规划是区域旅游设施体系规划的重要组成部分之一。

1. 旅游餐饮设施的类型

第一种，独立的餐饮设施。独立的餐饮设施主要针对附属于宾馆的餐饮设施而言的。其主要特点有：建筑占地面积大，一般的也要占地几百平方米；内容复杂，除公共部分外，还有生产、储存等，常常不易与风景景观取得协调；游人集中，在就餐时间内，往往游人集中，形成热闹的中心；往往会带来公害，如处理不好，往往会导致烟雾、垃圾、污水的污染。

第二种，附设的餐饮设施。宾馆常附设一些餐饮设施，这些餐饮服务往往也是宾馆重要的收入来源。在国外宾馆中，餐饮服务的营业收入常占整个宾馆收入的一半左右。宾馆附设餐饮设施主要有形式多样的餐厅（如中餐厅、西餐厅、穆斯林餐厅等）、酒吧、咖啡厅、音乐茶座等。

2. 旅游餐饮设施的布局与规划

宾馆附设的餐饮设施常因宾馆选址和设计而定。这里主要指独立的旅游餐饮设施的布局与规划。旅游餐饮设施的布局往往有三种情况：其一是在接待区（即在游览线路起始点）；其二是在游览区（即游览目的地）；其三是在游览路线中间（即在途中）。旅游餐饮设施的规划要点为：

（1）布局与服务功能要根据游程需要而安排

如起始点准备、顺路小憩、中途补憩、活动中心、餐食供应等。

（2）容量有一定的弹性，使用上具有多功能性

旅游餐饮设施在使用上有一个很明显的特点，即是它的不均匀性：除淡旺季波动外，用餐时间集中，周转率低，所以要求人多时不拥挤，人少时不显空荡，最好在使用上有多功能性，平时供茶水、冷热饮料，还有能举办弈棋等文娱活动的可能。因此，在规划设计时要使室内外空间有机结合，相互渗透，既有艺术性处理，还有实用功能。如既有室内餐厅，还有半敞开的散座——分布在廊道、平台、花架庭园等，各得其所。无论室内室外各有情趣。同时，室内大厅也要作灵活分隔，避免视线干扰。

第三节　区域旅游开发的基本空间布局

一、区域旅游空间布局的原则

（一）突出特色原则

特色是旅游业的灵魂与生命，没有特色便丧失竞争力和生存基础。因此突出特色是旅游区空间布局的首要原则，必须通过旅游区的硬开发和软开发突出旅游区主体形象的独特之处，尤其是通过自然景观、建筑风格、园林设计、服务方式、节庆活动、居民生活方式和对游客的态度等来塑造与强化旅游区的形象。

（二）产品互补原则

在进行旅游区空间布局时，要根据旅游资源的特色、类型和规模划分若干个景观各异、产品互补的旅游区，既要避免形不成规模效应的孤立景点景区的分散开发，又要避免容易造成恶性竞争的产品近距离的雷同和重复。坚持产品互补原则既有利于区域旅游的有序开发和可持续发展，又能为后期的旅游线路的多样化设计提供便利。

（三）完整性原则

这体现在两个方面：一方面，在划分功能区时，尽量保持那些具有鲜明特征旅游资源的完整性，应避免自然环境和人文环境的人为割裂；另一方面，在旅游业刚起步或初步开发的地区，旅游区域市场发育不充分，旅游企业尚不能担当开发和经营的主体，地方政府仍然起主导作用时，应考虑旅游区行政范围的完整性。

（四）保护旅游环境原则

旅游空间布局必须建立在对区内自然和人文环境的充分保护的基础上，要以经济效益为中心，社会效益为目的，环境效益为条件，保护与发展并举，杜绝破坏性的建设和不适当的旅游开发，这样才能更好地促进旅游业的可持续发展。保护旅游环境具体包括两个方面：一是保护旅游区的自然环境，要保护旅游区自然环境特色，减少人类对自然环境有意或无意的破坏；二是保护旅游区的社会环境，尽量保证旅游区居民的生活方式不受到游客过多的打扰和影响。

二、旅游空间结构的关键要素分析

旅游空间规划布局是构建区域旅游发展战略构想的过程，这个战略构想能反映旅游目的地区域大众的目标和愿望，并通过确定更好的用地方案和合适的旅游发展模式来实施这些战略构想。

区域旅游空间结构的关键要素是指区域旅游空间构成的基本单元，进行城市旅游空间结构研究必须首先弄清楚其主要空间构成及其基本概念。旅游空间结构是指旅游经济客体在空间中相互作用所形成的空间聚集程度及聚集状态，它体现了旅游活动的空间属性和相互关系，是旅游活动在地理空间上的投影，是区域旅游发展状态的重要"指示器"。在国内外以往的旅游空间结构研究中，基本上忽视了旅游空间结构关键要素的分析，这与我国旅游研究大都注重应用研究、轻视基础研究的大背景是密不可分的。不论是城市旅游地，还是旅游风景区，基本上由城市旅游目的地区域、城市旅游客源地市场、旅游结点、城市旅游区、城市旅游循环路线及旅游区域入口通道六大基本要素构成（如图4-1）。

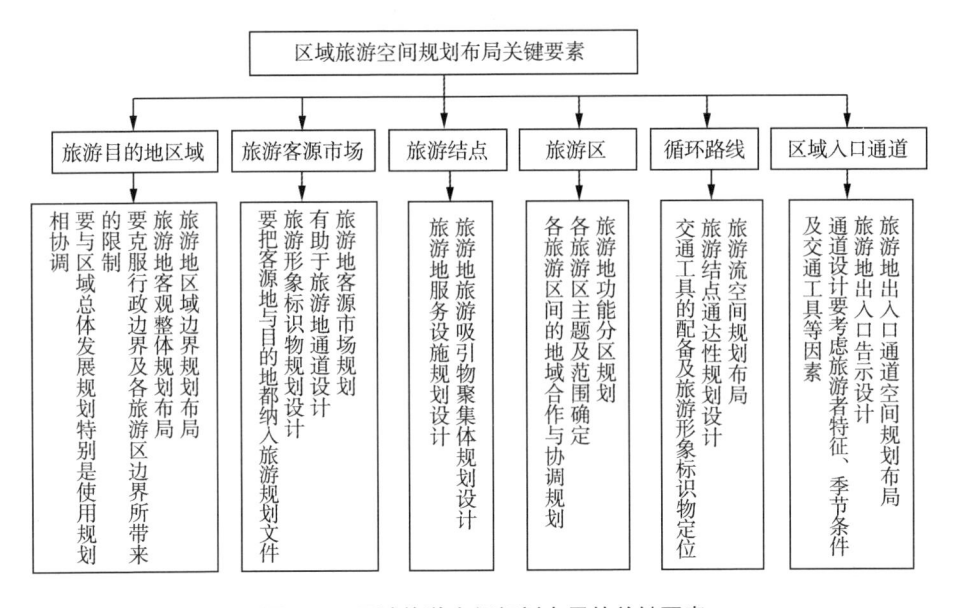

```
                    区域旅游空间规划布局关键要素
    ┌──────┬──────────┬────────┬──────┬────────┬────────────┐
  旅游目的   旅游客源市场   旅游结点   旅游区   循环路线   区域入口通道
   地区域
```

旅游目的地区域	旅游客源市场	旅游结点	旅游区	循环路线	区域入口通道
相要与区域总体发展规划特别是使用规划相协调 要克服行政边界及各旅游区边界所带来的限制 旅游地地区域边界规划布局 旅游地客观整体规划布局	要把客源地与目的地都纳入旅游规划文件 旅游形象标识物规划设计 旅游地客源市场规划 有助于旅游地通道设计	旅游地服务设施规划设计 旅游地旅游吸引物聚集体规划设计	各旅游区间的地域合作与协调规划 各旅游区主题及范围确定 旅游地功能分区规划	旅游结点通达性规划设计 交通工具的配备及旅游形象标识物定位 旅游流空间规划布局	通道设计要考虑旅游者特征、季节条件及交通工具等因素 旅游地出入口告示设计 旅游地出入口通道空间规划布局

图4-1　区域旅游空间规划布局的关键要素

三、区域旅游功能分区

区域旅游功能分区源于城市功能分区，是按旅游功能要求将区域中各种要素进行分区布置，组成一个互相联系、布局合理的有机整体，为区域旅游的各项活动创造良好的环境和条件。其首要功能就是满足游客的各种需要。一个成熟的旅游区必须有旅游接待区、游客游览区、旅游物流集散地（镇、城）等功能区，满足游客游、购、娱、食、住、行等各方面需求。同时，还要有利于环境保护和旅游效益功能，如自然保护区、自然博物馆、世界文化遗产等类型的旅游区。

区域旅游功能区客观上存在实体边界，如景区大门、围墙、山脊线、河流、交通干道等明显边界；也存在着虚体边界，如大旅游区或跨区域旅游区。划分功能区是区域旅游规划与开发过程中的一项重要工作，大到国家级和省级旅游规划，小到一个风景区、主题公园，都是按照旅游功能对其空间进行划分，以便更好地帮助旅游区的旅游市场定位，更有利于旅游区开发建设和经营管理。

(一) 区域旅游功能分区的理论

旅游功能分区理论是由区域空间结构理论和自然保护区功能分区理论演变而来的。区域空间结构理论主要阐述区域各种要素的空间组织模式及运行机制，最主要的是研究区域空间特征的相似性和差异性，是区域单元空间划分的重要理论依据。区域旅游功能区的划分也是一种空间单元的划分，依据的就是区域资源环境特征、经济结构、城市发展、基础设施等方面在空间上的相似性和差异性。因此，区域空间结构理论是划分区域旅游功能分区的基本理论。

景观设计师理查德·德莱福斯（Richard Foreste）提出了得到世界自然保护联盟认可的同心圆分区模式，将国家公园从里到外分成核心保护区、游憩缓冲区和密集游憩区。核心保护区处在保护区的典型、代表区域，除科学研究外，禁止开展任何形式的旅游活动；游憩缓冲区分布于核心区外围，可以适量建设一些设施，开展对环境资源影响不大的科研、旅游等活动；密集游憩区可以开发为旅游服务区、旅游游乐区。冈恩在同心圆分区模式的基础上提出了国家公园旅游分区模式，将公园分成重点资源保护区、低利用荒野区、分散游憩区、密集游憩区和服务社区。这一理论对自然保护区的功能进行了更为详细的划分，被广泛应用于自然保护区。在旅游风景名胜区、旅游目的地和旅游区的规划和管理中，也引入了国家公园旅游分区模式，因而成为旅游功能区划分的指导理论。

(二) 典型的空间布局模式

在旅游区的功能分区和布局上存在以下几种布局模式。

（1）游憩区—保护区空间布局模式。游憩区—保护区空间布局模式把国家公园分成重点资源保护区、低利用荒野区、分散游憩区、密集游憩区和服务社区。

（2）环酒店布局模式。在缺乏明显的核心自然景点的旅游区，通过布局以豪华建筑，或者风格颇有特色的旅馆为中心，周围布置娱乐设施、商店，和景区相连。布局的重点是风格建筑和综合服务体系设施。

（3）野营地式布局模式。野营地式布局适合于景区分散、当地条件又不宜建大型旅馆的旅游区，这种模式是以对整个旅游区恰当的亚区划分为基础，兼顾亚区间的功能互补性，重点是对亚区的旅游服务设施进行布局。

（4）双核布局模式。该布局方法在游客需求与自然保护区之间提供了一种商业纽带，通过精心的设计，将服务功能集中在一个辅助型社区内，处于保护区的边缘地带。

(5) 海滨旅游空间布局模式。滨海旅游区从海水区、海岸线到内陆依次布局：海上活动区（养殖区、垂钓区、游艇船坞）；海滩活动区（海滨公园、沿海植物带、娱乐区、野营区）；陆上活动区（野餐区、交通线、餐宿设施、旅游中心等）。

(6) 山岳旅游区布局模式。建筑设施根据山体环境而建，游览线路有节奏地串联尽可能多的景点，实现与自然环境的和谐。

(7) 草原旅游布局模式。大多呈组团布局，中间是接待包，由中心向外一层是住宿包、厕所、草原活动区。

第四节　区域旅游开发的基本类型

根据旅游资源价值高低、区位条件优劣、区域经济背景好坏等，可以把区域旅游发展划分为以下四种类型：

一、区域资源价值高，区位条件优，区域经济背景好

这类地区旅游资源量多质高，地理位置优越，交通发达，可进出性好，客源充足，经济发达，是旅游开发最理想的地区，应优先发展和全方位开发。如北京、南京、苏州、杭州等地属于这类地区。

二、区域资源价值高，区位条件较好，区域经济背景差

这类地区旅游资源非常丰富，对游客的吸引力较大，区内交通比较方便，可进出性较好，但区域经济较落后，旅游开发的最大问题是资金短缺。对这类地区可采用国家扶持，或引进外资，适当超前开发，把旅游业的发展作为振兴地方经济的生长点。如湖南的张家界、安徽的黄山等地属于这类地区。

三、区域资源价值高，区位条件劣，区域经济背景差

这类地区旅游资源非常丰富，并且具有很大的神秘性（因区位偏僻而鲜为人知），对游客有很大的吸引力，但由于位置偏解，交通比较闭塞，加上经济条件落后，发展旅游业困难重重，不过发展潜力巨大，对这类地区主要是采取保护性开发（伺机发展）和适当超前开发等措施，并通过旅游者的"示范效应"更新和提高本地居民的思想文化观念、商品经济意识。这类地区如九

寨沟、香格里拉、丽江、泸沽湖以及三江并流等地。

四、区域资源价值低，区位条件优，区域经济背景好

这类地区的旅游资源比较贫乏，发展旅游业的先天条件与潜力都不足，但地处交通要地，人口稠密且流动量较大，区域经济发达，旅游需求量大。这类地区的旅游开发应充分利用区位条件好、区域经济发达的优劣，扬长避短，建设人造旅游景观（如深圳建"锦绣中华"等），或恢复历史上有名但已被毁的名胜古迹（如武汉重修黄鹤楼，南昌重修滕王阁等），积极开发新的旅游资源，从而发展旅游业。如武汉、郑州、南昌、石家庄、深圳、珠海等地属于这类地区。

第五章　海岛旅游规划与开发

随着海岛旅游开发的进行，海岛旅游会向深度旅游方向发展，建设疗养度假村、度假垂钓场等，开展各项参与式旅游活动，把海岛开发与旅游活动同步进行，并能够相互融合，最终把众多的岛屿建设成为内容丰富、景观独特、层次分明、体系严谨的海岛旅游体系。

第一节　海岛旅游的基本理论

海岛旅游是指凭借海岛独有的自然与人文景观，在海岛特定的地域空间内，为满足游客旅游需求以促进海岛经济、环境和社会全面健康发展等为目标而开展的旅游活动。海岛旅游作为滨海旅游的重要构成，以其丰富的自然生态景观和独特的人文旅游景观吸引着大量游客，其生态旅游资源的自然原生性和种类多样性，人文旅游资源的独特性和广博性是其他旅游环境无法比拟的。现今，海岛已经成为最具吸引力和魅力的旅游目的地之一，与传统旅游目的地相比，海岛所特有的旅游资源越来越能够满足现代旅游者对新奇自然环境和特色人文氛围的旅游需求。同时，海岛旅游在世界范围内得到快速发展，也极大地推动了海岛旅游目的地经济社会的发展，取得了良好的经济、社会、文化和环境等综合效益。[①]

一、海岛旅游资源

海岛旅游资源以其强烈的海洋韵味和海陆兼备的景观特色，在各类旅游资源中占有非常重要的地位。

[①] 张广海. 我国滨海旅游资源开发与管理 [M]. 北京：海洋出版社，2013：131.

(一) 自然景观丰富多彩

1. 独特宜人的海岛气候

受气候形成与分布等诸多因素的制约，气候宜人地区的空间分布存在着明显的地带性和非地带性规律。在水平地带气候格局中，宜人气候分布在中低纬度的湿润与半湿润气候区内，尤以海滨、岛屿地区最佳。海滨及海岛地区，由于受海洋的调节作用，冬暖夏凉，气候宜人，光照充足，海洋性气候有利于开展度假旅游，是避暑避寒的胜地。

2. 魅力无穷的海岸

海岸带蕴藏着丰富的生物、矿产、能源、土地等自然资源，还有众多深邃的港湾。它不仅是国防的前哨，还是海陆交通的连接地，是人类经济活动频繁的地带。这里遍布着工业城市和海港。海岸具有奇特的、引人入胜的地貌特征，可开辟为旅游基地。每个岛屿都有着曲折的海湾和峻峭的山峦。登山远眺，极目之处水天一色，碧波万顷，海鸟翱翔，浪花飞溅，远处的岛岸如镶上一道道雪白的银边。清晨登山观日出，远岛近水皆沐浴在金色的霞霭里。入夜岛上万籁俱寂，松涛阵阵，月光如水。偶遇大风过境，海面浪潮汹涌，惊涛拍岸，声如雷霆，气势磅礴，如置身于金鼓齐鸣、万马奔腾的古战场，使人震撼。

3. 类型多样的岛屿地貌

岛屿地貌多种多样，按其成因可分为大陆岛、火山岛、珊瑚岛、冲积岛和陆连岛。各种不同类型的海岛，都是在特殊的环境和时间下形成的，景观差异显著，富有特色，具有很高的科研价值和观赏价值。此外，海岛上独特的海蚀奇观也使海岛多了几分神秘感，海蚀崖、海蚀平台、海蚀柱、海蚀洞、海蚀拱桥、海蚀窗等，都对游客产生了极大的吸引力。

4. 种类繁多的海洋生物

海岛兼具海洋和陆地的属性，这使得海岛拥有极为丰富的生物、植物旅游资源。海岛由于特殊的位置和适宜的环境，适合许多生物、植物生长，形成了独特的海岛生物圈。海底世界是美丽而又富饶的。海洋里的生物不仅品种多，而且数量也多。这些植物、生物资源不仅极具科研价值，而且具有极大的观赏价值。红树林是当今海岸湿地生态系统唯一的木本植物，是海洋生物食物链的一个重要环节，通过食物链转换，它可以为海洋生物提供良好的生长发育环境；同时，由于红树林区内潮沟发达，能吸引大量鱼、虾、蟹、贝等生物来此觅食，繁衍后代。此外，红树林还是多种海鸟生育繁殖的场所。海洋生物的多样性对海洋环境以及全球气候的调节起着重要作用。根据调查表明，海洋已成为世界上动物蛋白质最大的来源。合理地开发和保护海洋对我们人类有着莫大的作用。

(二) 人文景观独特

从人类文化发展的历史进程看，海岛型区域文化一直扮演着大陆文化的接受者和传播者的角色，即海岛文化具有较强的外源性特征。海岛文化因在历史发展进程中，受不同时期科技发展水平、交通工具、社会稳定程度、与大陆的远近、原生土著文化的反馈等人文和自然因素的影响，在接受大陆文化中，往往因海洋的割裂而呈现出迥然不同的特点。海岛文化还深刻受到海岛自身地理环境的影响。

此外，由于受历史文化传播延续性的影响，海岛往往具有文化博物馆的作用。那些在大陆已荡然无存的文化现象和文化景观可能会在海岛得到很好的留存。所以，海岛区域文化往往会表现出既与大陆文化有紧密的联系和深厚的渊源，又颇具自身发展特点。福建省的东山岛是灿烂的文化之岛，自古有"海滨邹鲁"之美誉，是"中国民间艺术（音乐）之乡""中国民间艺术（海岛美术）之乡"。东山特殊的地理区位、优美的自然环境、厚重的文化积淀，形成了"大气、文气、秀气、灵气、朝气"包容兼备的海岛文化特征。东山是中原文化、闽越文化和海洋文化的交汇区域，全国各地文化在这里相互融合，衍生出丰富多彩的地方文化艺术特色。纵览东山的非物质文化遗产形态，折射出中原文化的精要，体现着闽越文化的特色，显示出海洋文化的博大。

二、海岛旅游特点

(一) 超脱性

海岛远离大陆，天然上具有一定的空间隔离特性，使岛上的旅游者从心理上有脱离世俗的感觉，对那些想彻底摆脱日常事务缠身的人具有极大的吸引力。旅行者可以暂时脱离繁忙工作、烦恼生活的桎梏，带着轻松愉快的心情，充分享受自由休闲的生活，以及原生态的自然风光。这正是海岛旅游的主要吸引力。

(二) 特色性

海岛具备区别于陆地的独特的海洋特色，对大多数人来说，这些景色是不常见的，具有很强的新鲜感。宜人的海洋性气候、清洁的沙滩、清澈的海水、清新的空气、充足的阳光、美味的海鲜等，对游客有强烈的吸引力。

（三）季节性

受海洋性气候影响，绝大多数海岛的旅游活动不可避免地表现出明显的季节性。海岛在空间上与大陆隔离，这一特性决定了旅游活动的可入性较差，在吃、住、交通等方面普遍存在不方便的情况。比如岛上住宿条件较差，星级宾馆档次不高，湿气较重；交通工具换乘不方便，部分游客可能出现晕船现象；淡水资源短缺，饮食单一；娱乐项目较少，旅游设施比较缺乏；等等。[①]

三、海岛旅游发展现状与对策

（一）我国海岛旅游发展存在的问题

1. 旅游产品同质化严重，缺乏竞争力

我国多数旅游海岛开发强度较低，吸引游客的主要是沙滩、海水等自然旅游要素，缺乏人文景观资源；岛与岛之间在景观、建筑风格设计上未能形成明显的差异，旅游产品大同小异，特色不够鲜明，旅游形象不够突出，缺乏竞争力。例如，从辽宁省长海县和山东省长岛县的旅游规划中可以看出，两个海岛均在打造"渔家乐"品牌，旅游项目也很相似，住在渔民自家建的海边民宿中，玩是民宿老板开船带游客去海钓或赶海，食是在民宿中吃海鲜。由于两个海岛县地理位置相近，海鲜种类大致相同，民宿风格也大同小异，因此很难形成差异化优势拓展客源。

2. 客源市场固定，消费档次不高

国内海岛旅游的客源主要来自省内和周边临近省市，客源市场基本固定，游客消费水平不高，大多属中低端档次。[②] 此外，一些特色旅游纪念品、娱乐项目等对当地旅游市场增加收入、提升品质均具有重要作用。如巴厘岛当地售卖手工艺品、木雕、皮具等，我国海岛仅售卖一些海鲜干货，缺乏特色产品和高质量的旅游纪念品。

3. 旅游服务体系不够健全

我国海岛旅游尚处于发展初期，景点建设还不够完善，在提供基础服务方面和服务人员素质上都与发展成熟的海岛旅游目的地存在差距，让许多游客产生"来过一次就不想再来了"的想法，不利于旅游市场的持续发展。相比之

[①] 徐娜. 海洋旅游产业发展现状与前景研究 [M]. 广州：广东经济出版社，2018：44.

[②] 黄博，姜德刚，丰爱平，林雪萍. 我国海岛旅游高质量发展的建议 [J]. 中国国土资源经济，2021，34（6）.

下，国外的海岛旅游服务体系完善，以提供井然有序、细致入微的高品质服务为经营理念。例如，马耳他政府为保证旅游品质，对一些古建筑进行了修复，新建了一些花园、休憩场所免费提供给游客，为提高酒店整体服务水平，政府建立了专门的旅游研究机构并且组织旅游从业人员进行职业培训。

4. 政府在海岛旅游开发过程中参与度低

我国无居民海岛的开发由社会资本主导，政府目前仅在海岛使用审批中发挥行政监管作用，在海岛的开发建设中参与度低，很容易导致自然资源和空间资源的浪费，以及海岛建筑风格与周边环境不相匹配，使海岛的旅游价值大打折扣。

(二) 推动海岛旅游高质量发展的对策建议

1. 充分挖掘旅游资源，明确发展理念

从世界各知名海岛旅游目的地的发展状况来看，每个海岛都有其自身明确的定位。以阳光、海岸、沙滩为代表的传统滨海旅游要素是吸引游客观光的基础要素，但特色鲜明的度假主题才是提高海岛品质和旅游产业可持续发展的重要因素。因此海岛旅游高质量发展必须注重历史人文资源的发掘，形成内涵丰富的海岛旅游产品、层次丰富的海岛产业结构，充分迎合游客海岛旅游的需求；逐步培养海岛的旅游核心竞争力，注重海岛品牌形象的塑造，形成独特的风格，实现差异化发展。

2. 重视生态环境保护，适度开发海岛

自然风光独特、生态环境良好是海岛旅游的亮点，是游客选择海岛游的重要原因。因此应重视保护海岛自然资源和生态环境。海岛开发的重点应是已开发利用的海岛，尤其是一些早期开发使岛体受损的海岛，可通过吸引旅游投资对岛体进行生态修复和景观建设，恢复海岛生命力，激发海岛旅游发展活力。对于尚未开发利用、没有人为活动影响的海岛应该保护，不再开发。根据海岛资源的珍稀濒危程度分等级开发海岛，将海岛分为仅利用和可开发两大类，对于可开发海岛可根据其自身资源环境状况进行适度开发。对于仅利用的海岛，应探索环岛游、高空俯瞰等不登岛、不建设的利用方式，保护海岛自然生态；对于可开发的海岛，应倡导和探索生态旅游开发模式，在确定海岛生态系统承载能力和环境容量的基础上，合理规划开发海岛。同时，要注重保护海岛地形地貌、自然生态系统、植被覆盖率以及原有的传统村落、历史文化遗迹等，确保海岛景观与区域整体景观相协调。

3. 融入区域旅游发展规划，实现全域旅游

考虑到海岛本身可能存在旅游资源单一、基础设施配置不齐全等情况，在

旅游产业发展中处于弱势，难以提高知名度，因此在区域经济发展规划、空间规划以及全域旅游发展规划中，应将海岛作为一定区域内全域旅游中的一站进行统筹规划。依托周边的自然、人文、社会等旅游资源，设计与区域整体风格相适应的旅游产品。科学利用传统渔村、海防遗址、海岛传说等海岛特色的历史遗址和民俗文化资源，开展历史文化、民俗旅游，推动海岛戏剧等产业融合发展文化体验旅游，着眼于全局，突出特色，侧重提高旅游业现代化水平，加强资源集约能力，提高旅游产品的服务品质和国际化水平，实现全要素整合的协调发展模式和全域旅游发展目标。

4. 重视高效的服务体系构建，提升管理水平

从知名海岛旅游目的地的发展来看，细致完善的服务体系和高水平的经营管理是这些海岛旅游产业取得成功所具备的共同特征。我国发展海岛旅游业需进一步提高服务水平，完善景区各项基础服务，如设置咨询服务台，提供各种宣传资料、导游讲解，接受游客的咨询和处理投诉。同时还应为服务人员提供必要的培训，提升整体服务质量和服务水平，在管理上做到井然有序、细致入微，逐步形成完备的旅游服务体系、高品质的社会服务、高水平的经营管理。

5. 打造海岛旅游高质量发展先行示范区

通过对知名海岛旅游目的地开发经验的总结，海岛开发应综合考虑其资源禀赋、生态环境、区位优势、基础设施等条件，因此建议在岛群或岛链中选择海岛进行旅游开发，打造海岛旅游高质量发展先行示范区。结合当前大政方针，建议优先在长山群岛、庙岛群岛、舟山群岛、海坛岛、万山群岛内选择海岛进行示范。探索岛群协同发展模式，依托周边经济发达、人口稠密城市提供收入和客源，合理进行空间规划和布局，将海岛开发纳入区域整体发展规划中。长山群岛、庙岛群岛是我国北方仅有的两个岛群，毗邻京津冀城市圈，腹地广阔，客源充足；舟山群岛自然和人文资源丰富、地理位置优越，是目前海岛旅游发展较成熟、旅游效益最高的地区，在浙江省产业互动、布局互联、资源互补的经济发展格局下前景不可限量；万山群岛位于粤港澳大湾区内，依托粤港澳大湾区人口稠密、资源密集、经济发展水平高的优势，可以为万山群岛的旅游发展提供便利条件。

第二节 海岛旅游规划设计要点

一、无人岛规划设计

（一）无人岛旅游规划设计进程

在无人岛旅游资源开发方面，部分国家一直走在世界前列。印度洋上的群岛国家马尔代夫、万岛之国印度尼西亚、部分南太平洋的群岛国家等在无人岛旅游开发方面可称之为典范。这些旅游开发较为成功的无人岛，其空间规划设计对各地区无人岛旅游开发中的空间规划设计具有宝贵的借鉴意义。我国虽然无人岛数量比较多，但开发利用起步较晚，多数无人岛开发程度较低。我国无人岛屿可用于旅游开发的主要是一些面积较大、资源种类齐全的岛屿，目前主要有三种类型，根据人为影响程度的高低，依次划分为综合开发型、专项开发型及保护开发型。[①] 综合开发型指在岛上进行综合旅游产品开发，人为影响因素最多，空间规划设计更加注重综合性，也更偏向游客的需求，往往向有人居住的海岛开始转变。专项开发型指人为影响因素稍微比较小，且海岛的自然风光较好，以海岛观光游为主。专项旅游开发以一种特色旅游产品为主，有利于空间规划设计。这种开发类型在海岛空间规划方面注重人为空间与自然空间的融合，以小岛上原有自然特色为依靠。保护开发型则注重对小岛原有事物的保护，如爱护动植物、保护特色地貌等。

（二）无人岛旅游规划设计存在的问题

1. 无人岛主要空间类型

一般无人岛的空间可分为三类空间，即岛上空间、岸线空间与近海空间。（1）岛上空间包括岛上可能拥有的山地、平地、湖泊等各类地形地貌及植被覆盖特征。地形地貌复杂，海岛的动植物也多聚集于岛上，因此，岛上空间的规划设计可以是最为丰富多彩的，也最容易影响海岛的整体面貌。（2）岸线空间指海岛与海水的缓冲地带，有地势平缓的沙滩，也有崎岖的礁石岸线，还有陡峭的崖壁等。岸线空间多为视线开阔地带，动植物数量相较于岛上空间

---

① 马丽卿. 论我国无人岛屿旅游资源的开发与保护 [J]. 商业经济与管理, 2009 (2).

少，且与海水关系密切，旅游开发中对岸线空间的规划设计将更多考虑海水与岸的关系。(3)近海空间指离海岛较近的海域，也可将其再划分为水下空间与水上空间，对其空间规划设计与海水的关系最为密切，也将影响海岛的天际线。

2. 存在的问题

由于缺乏科学的规划与妥善的管理，给众多无人岛带来诸如生态恶化、基础设施不完善，不能持续发展等问题。

(1) 生态环境恶化

由于对无人岛不合理的空间规划，对岛上地形肆意改变，随意施行土石方工程，破坏动物的栖息地与植物的生长地，使原本脆弱的海岛生态系统很难维持。如舟山的桥梁山岛是一个面积不足0.1平方千米的小岛，由于被当地政府以廉价出租给采石企业，短短几年就使大部分山体被挖空。[①]进行旅游开发后的无人岛，所带来的人口压力将会比普通有人居住的小岛大，没有得到妥善处理的污染物将会对环境和海岛形象方面产生诸多负面的影响。其次对岸线的开发往往注重旅游项目的开发，单纯注重经济效益，并对岸线空间进行不适宜的规划设计，造成岸线自然空间的破坏。无人岛旅游开发中的空间规划实质就是处理好人与自然的关系。

(2) 基础设施与旅游设施的不完善

各类设施的不完善其实也是我国各类旅游景区的"通病"。基础设施对无人岛旅游开发尤为重要，关系到游客在无人岛上的生存保障，如电力供应、淡水供应、垃圾处理、码头等基础设施。然而，当人与自然存在问题时，游客的基本保障设施并没有发挥作用，没有做到未雨绸缪。

(3) 没有科学的规划管理，无法做到可持续发展

对无人岛的旅游开发，适宜科学的规划管理尤为重要，这也是无人岛旅游产业可持续发展的关键。现今，在无人岛旅游开发方面，往往缺少适宜的科学规划设计，有些开发甚至走在规划前。无人岛旅游开发中的规划设计考虑的因素过于单一，也没有以长远的眼光，对其进行长期的规划设计。

---

① 苗增良，陈朝喜，崔大练，邓一兵. 无居民海岛开发利用存在的问题及开发模式探讨——以浙江舟山为例 [J]. 安徽农业科学，2013 (13).

(三) 无人岛旅游规划的原则与建议

1. 无人岛旅游开发中的空间规划原则

(1) 整体性原则

无人岛的空间是一个整体，不管是岛上、岸边、海面还是海底都是一个不可分离的整体。空间规划不是对空间的任意分割，而是将小空间结合起来形成一个整体。游憩空间规划设计具有整体性原则，是对游憩空间、人和大环境三者进行全面、整体的分析，并且用系统、整体的观点对每个环节进行解释。[1]

(2) 绿色生态性原则

对无人岛的旅游开发本身就是以人类自身利益为出发点，在开发过程中不可避免会对岛上的生态环境产生负面影响。在空间规划中，我们更要注意对岛上生态的保护，秉持生态性原则，将人为空间有机融入无人岛的自然空间，尽量不破坏自然空间。

(3) 人本原则

无人岛旅游开发的目的是推动旅游事业的发展，为游客提供满意的旅游服务。这要求规划设计完善的基础设施与旅游设施，无人岛的空间规划在考虑保护自然生态的前提下，更多考虑人本因素，将人类空间更好融入自然空间中去。

(4) 可持续性原则

无人岛的旅游开发是一个有机动态的过程，需要适时开发更新，对无人岛的空间规划设计需遵循可持续性原则，规划者或者开发商需要用长远的眼光，制定近期规划与中长期规划。

(5) 美观性原则

作为旅游开发类型，需考虑美观性原则。在旅游度假区的游憩空间的艺术化营造过程中，要体现出多样、调和、均衡、节奏感、比例和尺度等。[2]

(6) 参与性原则

规划设计需要考虑各方面的因素，综合性较强。无人岛规划设计需要社会各界的参与。

---

[1] 黄泰岩. 转变经济发展方式的内涵与实现机制 [J]. 求是，2007 (18).
[2] 刘乐，杨冰清，陈思. 旅游度假区游憩空间规划设计——以颍州西湖风景旅游区为例 [J]. 山东农业工程学院学报，2015 (2).

2. 无人岛旅游开发中的适宜空间规划建议

无人岛旅游开发中需要适宜的空间规划设计，其空间规划设计需遵循上述几点规划原则及相关的法律法规。对此笔者提出以下建议。

（1）因地制宜

根据无人岛的整体空间特色与各子空间的特色做规划设计，将减少工程量，更节省开发成本，也能将基础设施与旅游设施有机地融入无人岛的整体空间中，只要条件允许，完全可以将其放置于岸线空间甚至海上空间。因地制宜更容易打造特色旅游无人小岛，形成一岛一特色的格局。

（2）岸线空间与近海空间的保护

海岛最美的景色还是岸线与天际线，生活在内陆的游客比较喜欢海岸的这些景色。故不要在岸线空间与近海空间规划太多的设施，以免影响美观；可规划一些起到点缀作用的设施，如灯塔、标志性构筑物、景观性构筑物、日出日落观景台等。

（3）创新

科学适宜的空间规划加上一点创新与创意将会给人眼前一亮的感觉。创新可以是空间规划上设计的创新，也可以是旅游项目的创新，还可以是两者的结合。

（4）对内对外交通

对外交通是无人岛旅游开发的短板。码头是海岛的重要设施，其位置选择直接关系到海岛的可达性，在空间规划上必须要有取舍，为对内交通方便，应考虑无人岛各处的可达性，尽量提高海岛各处的可达性。[1]

二、人工岛规划设计

（一）人工岛的设置技术分类

1. 固态式人工岛设置技术。固态式人工岛是一种永久性固定于某一地点，不可移动或不可转移地点的永久性造地方式。一般指通过围填的方式获取岛上陆域土地使用权，用于某一功能用途开发，不受陆域土地指标配置影响，不占用和破坏自然岸线，形成新增土地和人工岸线，且属永久性造陆功能，可办理不动产登记证的人工岛。固态式人工岛一般适用于浅海或离岸较近的海域。

2. 固定式人工岛设置技术。固定式人工岛是一种以特定目标对象物为依托而混合搭建的浮游平台，是可移动但具有相对固定地点的临时性造地方式。

---

[1] 任鸣，戴杰. 无人岛旅游开发中适宜空间规划设计研究［J］. 经济研究导刊，2017（26）.

一般指通过暗礁、群礁或面积小于500平方平米以下的海岛和岛群资源,构筑具有生产功能或生活功能的海上浮台物,属临时性造陆功能,有固定海域使用位置,无固定用地指标及固定人工岸线,造陆结构为临时组合平台,需办理海域使用证的人工岛。固定式人工岛又可分为平台固定式人工岛、依附式人工岛,一般适用于离岸较远,但临近有海岛或礁石可依附的海域。

3. 浮游式人工岛设置技术。浮游式人工岛是一种通过搭建一个或多个浮游平台构成特定功能用途,且可移动或可转移地点的临时性造地方式。一般指利用深海资源,构筑具有生产功能或生活功能的海洋浮游物体,具有一定围闭式功能,属临时性造陆功能,有相对固定的海域使用位置,也有临时使用的海域位置,需办理海域使用证或临时使用证的人工岛。浮游式人工岛是未来人类利用海洋资源空间,开辟海上或海底旅居城市、浮游城市等的实践探索,浮游式人工岛又可分为平台浮游式人工岛、立体浮游式人工岛,一般适用于离岸较远或深海远洋的海域。

(二) 人工岛的施工技术构成

1. 适用于浅海的人工岛施工组织方式。一般采用固态式人工岛和固定式人工岛两种技术设置方式。主要指项目位置处于近岸或浅滩,较适宜开发的,水深一般在5米以内的海域,或资源条件较好,水深5~10米内的海域。多以浅海海域淤泥或海沙沉积较厚,海床坡度较缓的浅大陆架区域作为承载开发对象。施工方式一般以自然边坡式、砂袋护坡式、围壁式、沉井式、沉箱式等施工围填形式构成的人工岛。

2. 适用于离岸的人工岛施工组织方式。一般采用固定式人工岛和浮游式人工岛两种技术设置方式。主要指项目位置在离岸相对较远,适宜开发的,一般在水深2~15米的海域,也有的建造点水深在20~50米的海域。主要目标是利用远岸海洋优势资源空间,以利用具有海底暗礁、群礁、特色海岛资源的海域作为载体资源,形成载体开发的目标对象。施工方式一般可分为海上围填式和海上浮台式。海上围填式施工与浅海人工岛所采用的施工组织方式较相近。海上浮台式则为临时性水上构建筑物,一般在远岸暗礁或群礁资源集的海域湾区建造,且附近具有实现大岛补给功能的海域,作为海洋临时性作业或旅游活动临时性空间设置。

3. 适用于深海的人工岛施工组织方式。一般以浮游式人工岛的技术方式为主体。主要指项目位置在离岸水深10~20米之间的海域,依据项条件情况有的局部水深在40~50米的海域。主要目标是利用深海或远洋空间,作为远洋事业、海上交通、海洋勘探、国防建设、深海科学研究等用,以及作为探索开辟海上或海底旅居城市、浮游城市等人类新活动的空间域。深海人工岛一般指在大陆架以外海域的人工岛，深海在国际上一般定义指在水深 1000 以上的海域，是人类探索未来漂浮式生存空间的必争领域。

(三) 人工岛的规划设计要求

1. 依据上位规划及相关资源条件确定项目选址

项目选址是项目成功的关键，同时选址与功能设置要求密不可分，选址还受海洋功能区划和岸线保护利用规划的限制。不同海域和岸线具有不同功能，依据海洋功能和岸线保护利用规划所确定的用途范畴，依托特色资源条件设计布局其细分功能，通过各项功能指标与经济指标综合运用确定项目选取的位置，以及项目规模范围和海综界址范围。

2. 依据海域资料收集筛选确定研究基础资料

依据确定的项目标的，进行资料的收集、筛选与研究分析，主要包括海洋资料、海域资料、地质资源、气象资料、海洋监测报告以及项目位置周边城市社会经济、人文、产业情况等基础资料。同时还包括交通、港口、码头、航线等基础设施和相关保障措施，以及物资供应、能源补给等资料的清晰准确地获取与积累，为项目开发提供保障性论证依据。

3. 依据离岸远近因素明确各项技术支撑指标

首先通过资源的搜索盘点、研究分析，确定各项构建的指标因素，依据各项指标因素与大数据分析制定开发目标策略，按照离岸、浅海、深海三种不同层次的海域资源条件情况作出相关的用海工程数模技术方案，以及人工岛实施技术要求与设计难度要求，并明确各类人工岛规划设计的差异化因素条件与技术支撑指标，因地制宜地设计整套解决方案。

4. 依据建设指标确定各项开发功能需求因素

依据确定的各项建设指标，明确人工岛使用寿命、沉降标准、防震标准、防浪标准等相关技术要点，同时依据人工岛所需实现的各项开发功能要素，通过系列关联分析数据确定设备设施、配套设施等重要指标，形成开发建设应用依据。

5. 依据开发目标以及环境条件确定平面形态

依据上位规划及海洋功能区划的要求，从项目开发功能用途、土地利用、承载预测等目标出发，通过波浪防护、生态环境、工程造价、投资回报和周边海洋影响等综合因素研究分析，最终制订规划设计方案，形成可行性较强的多个平面设计比对模拟图，通过系列推敲，得出最佳的平面优化形态，指导项目开发与地基工程建设。

6. 依据海域资料的分析评估确定地基形态

通过海域塑模分析与构造差别筛选，按照人工岛的形态与地基处理要求，依据离岸、浅海、深海不同位置采用不同技术方式和不同的执行技术路线，因地制宜，科学合理，站在生态平衡与环境保护的角度，以控制开发成本结合资源优势条件，确保项目开发可持续性发展。人工岛较为节约成本的方式为围填方式，围填陆域人工岛的形态与基础构造息息相关，人工岛地基构造比较复杂，必须严格通过海域勘测资料报告进行全面分析与论证，依据论证结果所指技术规范，严格处理地基围填构造建设，以便降低开发建设的风险。

7. 依据相关论证数据比对结果确定护岸结构

人工岛的防护建筑基础是项目成功开发实现可持续发展的关键保障，防护建筑基础建设种类较多，不同海域状况采用不同的技术方式与技术支撑，一般较为常用的有边坡式加围壁结构处理方式。由于人工岛建造环境一般较为复杂，受风、浪、流、气候以及海洋水下资源等众多自然条件影响，不同地域环境护岸结构形式要求有所不同，一般选择多种施工技术综合构成，多种技术复合使用有利于防御不同事态的发生，但应合理处理好各种施工技术的衔接对应关系。

8. 依据发展目标与任务确定各综合因素研究

按发展目标与任务综合分析各相关联因素，人工岛设计技术综合要求还包括生态平衡处理问题，生态环境保障问题，实时监测监控应急问题，海洋地质灾害预案措施问题，海洋自然灾害防御措施问题，以及旅游开发的容量与承载量等问题，综合各方面因素的影响与制约研究，通过相关资源收集与实际监测监控数据研究分析，制定风险防范控制预案，提出全方位的预案解决方式和保障措施。[1]

第三节　海岛旅游发展模式与营销对策

一、海岛旅游发展模式

(一) 岛岸联动发展模式

岛岸联动发展模式指选择与陆域距离较少，且具有旅游开发价值的岛作为

---

[1] 周少君. 海岛旅游开发规划要略 [M]. 广州：广东世界图书出版有限公司，2019：222.

目标性开发的休闲旅游用岛。以旅游出行习惯与交通便捷性配套建设策略为参考，选取与陆域距离一般在 2~5 公里以内的休闲旅游用岛以及旅游业为主导的有居民海岛，同时也可结合"旅游+"策略，选择具有较高旅游开发潜力的农林渔业用岛、公共服务用岛及领海基点所在海岛等，通过滨岸桥头堡服务覆盖配合特色海岛开发，形成岛岸联动发展开发模式。

本开发模式由于毗邻海岸，可对滨海开发起景观协调作用，开发难度较低，可通过海底隧道、桥梁以及造陆形式减少交通设施投入，同时也可以作为滨海开发的地标性项目进行深度开发。

（二）岛群互动发展模式

岛群互动发展模式以选取海岛相对集中，且距离相近的海岛群作集约性的开发，以旅游出行习惯与交通便捷性配套建设策略为参考，选取岛屿距离一般在 2~5 公里以内的休闲旅游用岛以及旅游产业为主导的有居民海岛，结合周边农林渔业用岛、公共服务用岛、交通工业用岛以及保留性用岛等形成的岛群互动开发模式。开发形式有"大+小互补发展模式""多岛串联发展模式""关联叠加发展模式"。

"大+小互补发展模式"是指以一个主岛为核心串联周边的小岛屿，以主岛作为桥头堡综合服务区，集结周边多种功能岛屿群体，形成不同主题、不同内涵的旅游体验产品，全面发挥小岛屿的功能用途，实现以大岛为载体，小岛为特色的互补发展模式。

"多岛串联发展模式"是指毗邻面积及开发规模相当，为避免旅游产品及服务开发出现同质化，采用多岛功能分区串联营运的一种模式，以此减少开发成本，提高开发质量，通过不同环境基底的海岛开发不同的主导功能，形成多岛功能串联发展模式。

"关联叠加发展模式"是指由于毗邻大陆架的海岛，面积及开发规模相当，以不同海岛属性和不同的环境资源及海底资源的特征形成各具关联特色主题内涵，叠加提高各功能版块的深度游、体验游的质量品位，同时也可分层次从大众消费到高端消费递进开发，形成多样化、多层次关联叠加的发展模式。

本开发模式具有多样化、多层次、全方位，特色性、差异性强等特点，且具有形成旅游产业精聚效应的功能特征。

（三）特岛引领发展模式

此种发展模式主要指海岛面积较大，开发后可形成全域旅游的旅游开发模式，以旅游出行习惯与交通便捷性配套建设策略为参考，选取与陆域距离一般在 2~5 公里以内的休闲旅游用岛，主要对象为有居民海岛或无居民的特大海岛。有居民海岛依据本岛综合基础条件，充分挖掘海岛文化内涵及特色资源条件，发展差异化、特色化的旅游产品；无居民特大岛开发难度较大，适合利用市场间隙，突出景观生态特色资源，打造特色主题项目，提升核心吸引力；根据自身特点，完善基础设施建设，提高与大陆交通联系的便利性；旅游项目应突出海陆特色差异，重点发展深海特色旅游项目、特色度假项目等，吸引高端客源。

本开发模式具有区域标杆、引领、示范作用，对区域海岛开发起先行性引领作用，同时对周边海岛开发起示范性和带动性作用，较易形成品牌效应与经济效应。

（四）礁群融合发展模式

礁群模式是按礁群密集程度与保护利用的优势条件为依据，为便于开发利用，以容易形成集合优势的礁群资源为基底，依据海岛开发实践结合旅行习惯，对其进行开发。礁群的功能性质主要由休闲旅游用岛及保留类海岛、农林渔业用岛、其他用途用岛等组成，排列为围合型、带状型的群礁模式。

本开发模式适用于依托周边岛屿协同开发；应重点着眼于开展巩固蓝色国土，提升海疆意识等爱国主义宣传教育，发展主题特色游览；基础设施建设关注重点为深海旅游创造条件，打造深海旅游跳板；在有条件的情况下，可尝试填海围陆或设置海上浮台造陆方式开发，提升岛礁旅游服务能力。

二、海岛旅游营销对策

（一）营销思路

1. 成立专门机构组织营销

在政府主导下，设立海岛旅游开发市场营销拓展部门，该部门属于海岛运营管理机构的海岛运营管理公司，专门负责海岛旅游的市场营销工作，处理海岛开发基础信息发布，抵制不良信息披露，传播正能量的宣传信息。

2. 组建专业队伍实施营销

从社会上招聘专业、专职的市场开拓人员进行具体营销工作，构建训练有素、反应迅速的区域海岛旅游市场营销队伍，对具有旅游价值的海岛进行有时间和空间针对性的营销推广，同时对接外界相关的传媒服务，以及推动与海岛旅游相关的企事业单位，共同为海岛宣传做出更多贡献。

3. 划拨专项经费支持营销

由政府通过专项立项形成，定期拨付专项宣传经费，落实每年划拨专项经费，用于海岛旅游的宣传，同时也可结合社会公益宣传资金或传播途径，以及重大项目企业宣传推广，形成多方合作的宣传资金推动海岛旅游推广营销。

4. 出台相关政策保障营销

以政府组织编制海岛旅游开发管理办法、海岛使用权出让管理办法为指导思路，对其中营销费用及营销机构管理制定明确的法定条文。编制海岛旅游营销宣传奖励方案，对做出突出贡献的组织或者个人给予直接的物质奖励，为旅游营销工作开展提供政策支持。

(二) 营销途径

1. 新媒体营销

(1) 网络搜索营销

通过建立推广体系，联合百度、新浪、搜狐等知名门户网站和大型搜索引擎网站，并选择适当时机发布网络广告，保证海岛旅游的搜索排名热度。搭建账户、单元、关键词、创意等完整的百度推广体系，提升海岛旅游的曝光度。着重推广"海岛旅游"和"海洋旅游"等关键词。

(2) 微电影营销

运用微电影营销手段，通过互联网、手机和移动视频浏览器，用电影镜头语言或漫画形象，推出海岛旅游品牌故事，传播海岛旅游品牌，以微电影的宣传推广方式能深入社会各阶层，能从创意推广，创作推广，实施宣传中不同的层面得以持续营销。

(3) 主流媒介营销

增加在主流网站、社区、论坛的曝光率。在知名旅游网站及门户旅游频道增加海岛作为旅游目的地，如携程旅行网、去哪儿网、21CN 旅游频道、新华网旅游频道、新浪乐途旅游等。在国内主流户外类网站、论坛等发布海岛旅游软文和广告等。

(4) 微信公众号营销

申请海岛旅游微信公众号，整合所有海岛旅游资源，申请并运营服务号和订阅号两种公众号。其定位不同，功能不同，订阅号主要用于宣传海岛旅游资源和产品，为构建海岛旅游品牌增加影响力；服务号主要为海岛旅游游客提供门票、船票、酒店、海鲜等旅游产品的在线预订、特产购买、游前咨询、售后服务、地图导航、投诉建议等服务。

(5) 旅游网站营销

建立 HTML5 通用网站，利用网站新技术 HTML5 搭建海岛旅游网站，网站自动适用于 PC 段和移动端，网站提供资源和产品展示、线上商务等功能，旅游网站营销是多功能复合营销方式，具有宣传营销作用，也具有经济效益功能。

2. 口碑营销

旅游口碑是大多数出游者获得旅游信息并做出旅游决策的主要途径。一方面，可打造精致的旅游产品，提供优质的旅游服务，提升游客的旅游满意度等。海岛旅游如果能够做到这些，那游客在回到日常工作和生活地后，自然会将满意的旅游经历告诉亲友，形成海岛最好的市场营销。另一方面，通过网络等新媒体途径，海岛的旅游工作者也可以对海岛旅游的社会舆情和口碑进行积极干预，称之为"口碑营销"。"5T"模型主要为谈论者（Talker）、话题（Topics）、工具（Tools）、参与（Talking Part）和跟踪（Tracking）。

3. 捆绑营销

海岛旅游需要注意海岛资源的串联的整体营销，只有打响整体品牌，才能将海岛旅游整体盘活。单岛推广成本较高，实行岛群捆绑营销有利于节约推广营销成本，有利于抱团协作发展。

(1) 岛岸捆绑营销

对区域而言，海岸资源往往强于其海岛资源，因此，在海岛旅游营销上要注意海岛与海岸之间的捆绑营销，以海岸为服务基地和依托，推广海岛旅游，形成对陆域旅游消费的认识与海岛旅游消费的带动作用，起到海陆统筹营销的效果。

(2) 其他捆绑营销

海岛周边还有很多其他优秀的资源，有成熟良好的营销基础，依据各项资源宣传的途径作为捆绑营销推广，将大大缩短营销推广的时间，节约营销推广的成本，海岛营销应多方结合这些当地特有文化进行捆绑营销。

第六章 体育旅游规划与开发

近年来,随着我国社会经济快速、稳定、健康的发展及人民生活水平的不断提高,体育产业获得了蓬勃开展,人们的健身意识也不断增强,体育健身、娱乐、观赏的各类体育旅游活动也不断发展起来,逐步成为新的亮点。本章首先分析了体育旅游的相关基础性知识,着进一步探讨了体育旅游规划与开发的理论依据,论述了体育旅游规划设计的原则与程序,最后详细地研究了体育旅游项目设计开发等相关的内容。

第一节 体育旅游概述

一、体育旅游的内涵分析

随着经济的迅速发展,居民的生活水平显著提高,我国居民的消费水平和消费结构也有了不同层次的提高和转变。旅游也日益成为一种普遍的消遣方式,而从中衍生出的以体育旅游为代表的体验式消费模式日益受到广大消费者追捧。[1] 体育旅游作为旅游的重要组成部分,是人类社会生活中的一种新兴的旅游活动。就体育旅游的概念而言,有广义与狭义之分。从广义上讲,体育旅游是指旅游者在旅游中所从事的各种娱乐身心、锻炼身体、竞技竞赛、刺激冒险、康复保健、体育观赏及体育文化交流活动等与旅游地、旅游企业、体育企业及社会之间关系的总和;从狭义上讲,则是为了满足和适应旅游者的各种专项体育需求,以体育资源和一定的体育设施为条件,以旅游商品的形式,为旅

---

[1] 耿松涛,宋蒙蒙. 产业融合背景下的旅游创新业态发展研究 [M]. 北京:知识产权出版社,2018:161.

游者在旅行游览过程中提供融健身、娱乐、休闲、交际等于一体的服务，使旅游者的身心得到和谐发展，从而达到促进社会物质文明和精神文明发展、丰富社会文化生活目的的一种社会活动。无论是广义的体育旅游还是狭义的体育旅游，就其社会本质而言，都是一种社会经济活动和社会文化活动，同时也是体育产业化、商品化的重要内容。体育旅游是以体育资源和一定的体育设施为条件，以旅游商品的形式，能为旅游者在旅游游览的过程中提供健身、娱乐、休闲、交际等各种服务于一体的经营性项目群，它能使人与自然、社会和谐统一，这就是体育旅游的本质内涵。

体育旅游之所以能成为旅游消费的新风尚，有以下两方面的原因：第一，随着经济社会的发展，人们旅游消费的观念正在发生转变。过去，大部分人追求的是单纯的旅游观光。现在，休闲观光融入体育健身的理念，户外活动与旅游紧密结合。人们在彻底地放松自己的同时还能锻炼身体，这正是体育旅游的魅力所在；第二，市场已经发现体育旅游的商机并加以重视，新开发的体育旅游项目越来越多，包括徒步、骑行、潜水、滑雪、水上运动、垂钓、高尔夫、帆船游艇、高空等项目，其中，徒步、骑行等户外项目都日益受到消费者的追捧。许多旅游企业纷纷瞄准潜在的市场并逐步布局"旅游+体育"，把各种运动赛事引入旅游领域，发掘细分市场。

二、体育旅游的特点和分类

（一）体育旅游的特点

1. 技能性

一般的旅游活动，尤其是旅行社组织的旅游活动，对旅游者没有技能上的要求，体育旅游则不同，对旅游者技能上的要求比较高。体育旅游尤其是户外具有挑战性的体育旅游活动往往具有技能性、危险性、刺激性等特征，如果旅游者体能差、心理脆弱、体育技术掌握不好，则很难顺利参与这些旅游活动，也不可能满足旅游需求，无法获得理想的旅游体验。不仅是旅游者，旅游活动的组织经营者也要具备良好的技能，如体育器材操作技能、指导技能与安全管理技能等，从而为旅游者提供更专业和安全的服务。

2. 重复性

一般的旅游景点对同一名旅游者的吸引力通常只有一次，也就是说被一个旅游景点吸引而去旅游的人，在此次旅游结束后很长时间内基本上不会再去第二次，并不是说这次旅游让他们感到失望，而是他们更愿意把时间、精力和金钱用到新鲜的没有接触过的景点上。

体育旅游则不同，人们参加体育旅游活动是出于对某项体育运动的爱好，如登山旅游是因为喜欢登山项目，观赏赛事旅游是因为喜欢这项运动。因为有这方面的兴趣爱好，所以他们会重复这些旅游行为，就像喜欢篮球运动的人会经常打篮球一样。喜欢登山运动的人会经常和同伴进行登山旅游，喜欢足球运动的人会关注足球赛事，并前往赛事举办地支持自己喜欢的队或运动员。可见，体育旅游的回头率比较高。

3. 消费高

体育旅游属于高消费活动，因此具有消费高的特征，具体从以下几方面体现出来。[①]

（1）有些体育旅游活动对旅游者的穿着、携带的物品等是有专门要求的，如果穿着太随意或没有携带必需物品，则很难顺利开展旅游活动，购置专门的服装与物品是消费行为。

（2）旅游者在旅游前会通过购买书籍或参加培训来掌握专门的技术，为旅游做好技能准备，而买书和参加培训都是需要花费一定资金的。

（3）为了保障旅游活动的顺利开展和安全进行，旅游团队中需要配备专业向导、医生等重要人员，并要给予他们相应的报酬，一般花费较高。

（4）体育旅游比较危险，发生意外的可能性比一般旅游大，安全防范意识较强的旅游者往往会先买意外保险，然后外出旅游，不管是购买意外保险，还是购买专门的防护装备都是一笔较大的开支。

4. 体验性

现在服务经济正在慢慢被体验经济所取代，这是世界经济形态发展演进的一个趋势。随着经济的发展和人们生活水平的提高，人们对旅游的需求越来越多元，需求层次也越来越高，体验需求属于一个较高层次的需求，而这也是现代体育旅游者的一个迫切需求。因此，体验式体育旅游与当前旅游市场发展需求是相适应的，体验式体育旅游依托丰富的体育旅游资源为旅游者提供相关服务，满足旅游者的健身需求、娱乐需求、交际需求和体验需求，增加旅游者的快感，丰富旅游者的体验，使旅游者享受其中的每个环节。

5. 风险性

体育旅游和一般旅游相比，存在较高的风险性，而且风险发生的偶然性较大，难以提前准确预测，一旦发生危险就会造成相应的身心伤害或财产损失，甚至会失去生命，这对体育旅游爱好者来说是一个巨大的挑战和考验。

参加自驾车、登山、徒步穿越等极限类体育旅游活动，突发的危险和事故

---

① 周洪松. 体育旅游市场开发及其可持续发展研究［M］. 长春：吉林大学出版社，2020：9.

是经常会发生的。相较于我国户外运动的参与人数来说，西方人参与户外运动的绝对数要大许多，伤亡事件的发生频率也较高。造成安全事故的原因主要可以归为人为、设备、环境、组织管理等几类。环境因素有自然环境和社会环境两类；前一种因素不可抗拒，但要提前做好预防和应对的准备，将生命损失、财产损失以及对社会的负面影响降到最低。体育旅游者必须要有良好的安全防范意识与技能，要在关键时刻懂得自救和救人。

6. 地域性

不管是同一类型体育旅游资源在各地的分布，还是同一地方所拥有的体育旅游资源等，都是有规律可循的，与当地的自然环境、社会环境等都有密切的联系。各地的体育旅游资源都烙上了地方的印记，反映了地方的文化特色。地域性特征是体育旅游吸引体育旅游者的一个主要原因，如果各地的体育旅游资源单一、重复、雷同，则对体育旅游者没有吸引力，更不会激发旅游者旅游的动机，只有地方特色鲜明而又独特的体育旅游项目才会吸引大量的体育旅游爱好者争相前往参与旅游活动，并做出消费行为，这对当地经济的发展具有重要意义。

(二) 体育旅游的分类

1. 观光型体育旅游

观光型体育旅游就是指在远离其常住地，主要通过视听对体育活动、体育建筑物官邸、体育艺术景点、各具特色的体育文化进行欣赏体验的过程，主要目的是获得愉悦的感受。

2. 竞赛型体育旅游

竞赛型体育旅游是以参加某种体育竞赛为主要目的的运动员、教练员以及与竞赛有着密切相关的人员，为了组织和参加某种体育竞赛，在旅游地逗留一段时间并在比赛之余从事各种观光活动。

3. 休闲度假型体育旅游

以消除疲劳、调整身心、排遣压力为主要目的具有体育元素的旅游活动就是休闲度假型体育旅游。

4. 健身娱乐型体育旅游

这是以娱乐性的体育健身、疗养、体育康复为主要目的的体育旅游，如钓鱼、冲浪、骑马、游泳等项目。

5. 拓展型体育旅游

组织旅游者在崇山峻岭、瀚海大川等自然环境和人工环境中磨炼意志、陶冶情操，满足寻求刺激、猎奇、挑战极限等意愿的旅游形式就是拓展型体育旅游。

6. 极限型体育旅游

极限型体育旅游是人类向自身生理和心理极限的一种挑战。[①] 这类体育旅游项目的难度是非常大的，同时还存在着较大的风险性，而其最大的特点就是追求刺激、挑战极限。通常情况下，这种类型的体育旅游往往是针对成年人或者具备专业知识和经过专业训练的人开展的，因此，其也有"少数人的运动"之称。

第二节 体育旅游规划与开发的理论依据

一、产业布局理论

产业布局理论是随着人类社会的进步和生存空间的扩展以及生产活动的内容和生产空间拓展到一定程度的必然产物。产业布局理论是阐述产业在一国或一地区范围内的空间分布和组合经济现象的理论。产业布局在静态上看是指形成产业的各部门、各要素、各链环在空间上的分布态势和地域上的组合；在动态上，产业布局则表现为各种资源、各生产要素甚至各产业和各企业为选择最佳区位而形成的在空间地域上的流动、转移或重新组合的配置与再配置过程。产业布局是多种因素综合影响的产物。其中决定区域竞争力与产业布局的先天条件即核心要素为区位因素，后天可以弥补的居于第二位的是区域政策因素。现代区位理论对产业布局的区位选择提出了三个标准：成本最低、市场份额最大和聚集效益。现代产业布局既是一个市场均衡问题，又是一个区域均衡问题，实质上是成本均衡问题。无论是古典的区位理论还是现代区位理论，距离以及由距离所造成的运输费用，始终是布局问题的关键所在。现实中具体区位的选择是将上述三个方面标准与区域总体发展的要求结合，综合考虑区域发展的经济、社会和生态目标，做出产业布局的最终选择。

二、可持续发展理论

可持续发展是人类对工业文明进程进行反思的结果，是人类为了克服一系列环境、经济和社会问题，特别是全球性的环境污染和广泛的生态破坏，以及

---

① 陈熙熙. 体育健康旅游发展研究［M］. 北京：北京日报出版社，2015：20.

它们之间关系失衡所做出的理性选择。① 它反映了人类对自身以前走过的发展道路的怀疑和抛弃，也反映了人类对今后选择的发展道路和发展目标的憧憬和向往。

(一) 可持续发展理论

我们可以归纳出可持续发展战略的基本内容：第一，改变只重视经济增长而忽视生态环境保护的传统发展模式；第二，由资源型经济过渡到技术型经济，综合考虑社会、经济、资源与环境效益；第三，通过产业结构调整和合理布局，开发应用高新技术，实行清洁生产和文明消费，提高资源的使用效率，减少废物排放等措施，协调环境与发展之间的关系，使社会、经济的发展既能满足当代人的需求，又不至于对后代人的需求构成危害，最终实现社会、经济、资源与环境的持续稳定发展。

通过许许多多的曲折和磨难，人类终于从环境与发展相对立的观念中醒悟过来，认识到人类在向自然界索取、创造富裕生活的同时不能以牺牲人类自身生存环境作为代价；认识到要共同关心和解决全球性的环境问题，并开创了一条人类通向未来的新的发展之路——可持续发展之路。可持续发展是人与环境矛盾运动中形成的唯一正确的发展选择。② 这种选择已不只是学者们在书斋里的议论，而已被越来越多的人所接受并转变成为长期发展战略决策。由于这种选择关系到全人类的切身利益和长远利益，因而受到全人类的普遍关注。总之，可持续发展是我国的既定发展战略。

(二) 旅游可持续发展理论

1. 旅游可持续发展的含义

旅游可持续发展是指以资源和生态环境承受能力为基础，以符合当地经济、文化发展状况和社会道德规范为标准，实现旅游发展与自然、文化和人类生存环境的协调统一，以既满足当代人的需求，又不对后代人满足其自身需求的能力构成危害为目标的发展思想和发展道路。旅游业可持续发展追求旅游开发的长期价值，以旅游开发的组合效应评价为出发点，强调旅游经济发展和自然生态以及社会承受力的综合统一，使旅游经济的发展建立在长期支撑体系上。

---

① 田光辉，姜又春. 新时代湖南民族地区文化与旅游融合发展研究 [M]. 北京：光明日报出版社，2020：24.
② 刘江，杜鹰. 中国农业生产力布局研究 [M]. 北京：中国经济出版社，2011：306.

2. 旅游可持续发展的目标

(1) 增进人们对旅游所产生的环境效应与经济效应的理解，强化其生态意识；(2) 促进旅游的公平发展；(3) 改善旅游接待地区的生活质量；(4) 向旅游者提供高质量的旅游经历；(5) 保护未来旅游开发赖以生存的环境质量。

(三) 旅游可持续发展的理论核心——旅游承载力

1. 旅游承载力的含义

旅游业可持续发展的关键就是解决旅游环境承载力约束问题。[①] 旅游承载力也称景区旅游容量，它是在一定时间条件下，一定旅游资源的空间范围内的旅游活动能力，即满足游人最低游览要求，包括心理感应气氛以及达到保护资源的环境标准时，旅游资源的物质和空间规模所能容纳的游客活动量。简而言之，旅游承载力是指一个旅游目的地在不至于导致当地环境和来访游客旅游经历的质量出现不可接受的下降这一前提之下，所能吸纳外来游客的最大能力。

景区承载力强调了土地利用强度、旅游经济收益、游客密度等因素对旅游地承载力的影响，在内容上包括了资源空间承载量、环境生态承载量、社会心理承载量、经济发展承载量、社会地域承载量等基本内容，一个旅游地的旅游承载力是这些承载力的综合体现。

(1) 旅游的资源容量

旅游的资源容量指在一定时间内旅游资源的特质和空间规模能够容纳的旅游活动量。

(2) 旅游的生态环境容量

旅游的生态环境容量指在一定时间内，旅游接待地区的自然环境所能承受的最大限度的旅游活动量。这种限度一旦被突破，旅游资源所处的自然环境就会被破坏。

(3) 旅游的经济发展容量

旅游的经济发展容量现代旅游是经济和社会发展到一定高度的产物，同时各国和国内各地区的旅游接待能力也受到当地的经济和社会发展水平的限制。[②] 这种限度就是旅游的经济发展容量。换句话说，即旅游目的地接待能力超负荷时是否愿意以及是否能够增加基础设施的认识水平和实施能力；具体反映在旅游目的地愿意而且能够为发展旅游业而进行的投资规模的大小，这些投资可涉及旅游者吃、住、行、游、购、娱等方面的一切直接和间接设施。

[①] 段红艳. 体育旅游项目策划与管理 [M]. 武汉：华中师范大学出版社，2017：33.
[②] 李通. 区域地理与系统地理高考复习总攻略 [M]. 北京：中国地图出版社，2007：212.

(4) 旅游的社会地域容量

由于每个旅游接待地区的人口构成、宗教信仰、民情风俗和社会开化程度不同，每个旅游地的居民和与之相容的旅游者数量和行为方式也不相同，二者之间可能存在一个最大的容忍上限，这个限度则被称为社会地域容量。

(5) 旅游的社会心理容量（感应气氛容量）

旅游的社会心理容量是从旅游者的角度来看的，是指旅游者在某地从事旅游活动时，在不降低活动质量的前提下，该地域所能容纳的旅游活动最大量。

2. 旅游景区承载力的重要性

为了避免旅游景区因超量接纳外部的强制输入而导致景区生态系统失衡，旅游承载力指标对旅游景区接待地的旅游者活动和旅游产业活动，如接待人数、空间分布、旅游者行为等做出了一定的规定。旅游景区承载力的重要性是景区规划发展的前提。

第一，资源承载力的确定是景区接待游客量的前提。旅游资源的不可再生性大大削弱了旅游景区资源所能容忍的旅游活动强度。有些旅游资源是遗留下来的重要资源，具有重要的保护价值。景区资源的保护必须作为生存与发展的头等要事，旅游活动的开展必须考虑资源保护的合理承载力要求。

第二，旅游心理容量是以服务旅游者的满意度为基础。旅游心理容量包括旅游者的直接旅游心理容量（感知容量）和旅游地居民的相关旅游心理容量，即游人的数量应限制在不破坏游兴和心理舒适的范围之内，否则就达不到旅游的目的。

第三，对景区环境承载力的把握是走可持续发展道路的有力措施。旅游环境承载力是指在不会导致一定的旅游时间和地域内的生态环境发生恶化的前提下景区所容纳的旅游活动强度。生态承载力是衡量景区生态环境能否保持可持续发展的一项重要指标。

第四，社会承载力是游客与景区居民增强交流的渠道。社会承载力是指接待地的构成、宗教信仰、风俗、生活方式、社会开化程度等所决定的当地居民可以接纳和容忍的旅游活动强度。随着旅游业的不断成熟与发展，景区居民与有关多种背景人的接触与交流加强，增强了彼此的了解。旅游者的意识也在影响和改变着居民的各种观念，同时也给居民带来了经济上的繁荣和生活方式的巨大改变，这样就会使居民对旅游者的接纳能力不断提高，社会承载力也不断增加。

第五，经济承载力是提高景区效益的有力保证。旅游经济承载力涉及的范围比较宽泛，有设施承载量、旅游开发的能力、当地与旅游业相关的产业、投入旅游业的资源、发展旅游业对某些产业的限制等。一般以设施承载量作为旅游经济承载量的主要方面，它决定了接受游客的数量、旅游活动强度以及旅游经历的质量。旅游景区的设施应以满足游客的需求为基础，这样在旅游高峰期，景区食宿设施和容量能够供求平衡，不会对景区造成困扰，限制景区的发展。

当前，我国的旅游业正在以前所未有的姿态高速发展，旅游旺季热点景区人流过于集中，尤其是黄金周政策的实施更加重了景区负荷的压力，旅游业在开发中遇到的旅游容量饱和、超载的问题远比发达国家严峻得多。旅游景区容量的超载会对旅游资源造成严重的破坏，降低旅游景区的质量，影响游客的出游积极性，不利于旅游业的可持续发展。要使景区承载力不出现因超载而被破坏的情况，必须在对景区开发规划和管理中考虑到承载力的压力情况，这样才能够使旅游业快速发展，才能够走可持续发展的道路。

三、旅游地生命周期理论

产品生命周期，是把一个产品的销售历史比作人的生命周期，要经历出生、成长、成熟、老化、死亡等阶段。就产品而言，也就是要经历一个开发、引进、成长、成熟、衰退的阶段。被学者们公认并广泛应用的旅游地生命周期理论是 1980 年由加拿大学者巴特勒（Butler）提出的。巴特勒在《旅游地生命周期概述》一文中借用产品生命周期模式来描述旅游地的演进过程。[①] 他提出一个地方的旅游开发不可能永远处于同一个水平，而是随着时间变化不断演变的。巴特勒用一条近 S 形的曲线的变化，说明不同发展阶段旅游地的发展状况：有的时候旅游地的来访者人数处于上升状态，有的时候来访者的人数则可能处于下降状态，如图 6-1 所示。

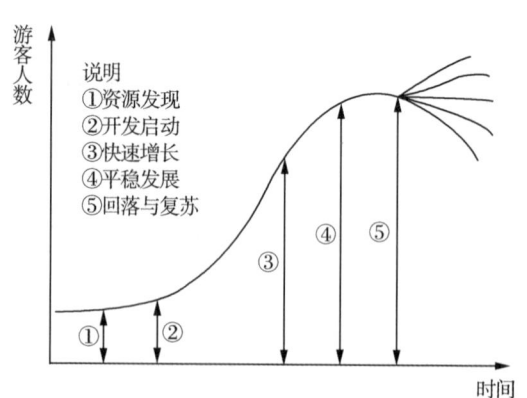

图 6-1 旅游地生命周期曲线

---

① 刘民坤，郭南芸，周武生. 全域旅游大时代 广西特色旅游名县升级发展研究 [M]. 北京：中国旅游出版社，2017：20.

图6-1为巴特勒的旅游地生命周期曲线：在巴特勒的理论中，每个旅游地都将经历资源发现→开发启动→快速增长→平稳发展（巩固和停滞）→回落与复苏的过程，这个过程存在着五个相连续的阶段。

(一) 资源发现期

资源发现期主要是少量的探险者、科考者进入旅游地，由于开发尚未启动，旅游资源还未成为旅游产品，很少有专门旅游服务设施。此阶段也称旅游地发展的探索阶段，可以看到有一些关于旅游地资源的摄影作品、科普科研文章、文学作品、绘画作品等，但都是纯粹的资源介绍，毫无商业营销意味，当地居民对外来者感到百般新奇并热情欢迎。

(二) 开发启动期

随着旅游地的发展进入开发启动期，旅游业投资主要来自本地区，旅游资源正在转化为旅游产品。伴随着旅游地基础设施和旅游设施建设的投入，旅游地社区居民在就业、为建设者和游客提供服务方面都获得了前所未有的效益，因而对旅游开发满腔热情。投资者为了得到回报和滚动开发资金，开始了大规模的营销，旅游地的知名度大增，游客大量涌入。此时旅游开发对社区环境的损坏已经开始。

(三) 快速增长期

这个时期的特点是旅游产业飞速发展，回笼货币量大，旅游业对当地经济系数的拉动大，游客人数也快速增长，各旅游景区普遍超过环境容量，资源、环境、设施的压力大，旅游地的形象已牢固树立起来。随着投资资本大规模进入，风景区的"圈地运动"节节升温，新的投资项目不断出现，旅游地的房地产迅速升值。社区居民的生活条件得到基本改善，但与他们的期望值相差较大。特别是外地投资者的大量进入使社区居民的就业受到来自外地训练有素的管理者和技术人员的威胁，他们的就业环境反不如开发期好，所从事的多是知识含量不高的工种；同时物价上涨，一切都要以金钱来交换，使社区居民在经济地位上更彻底地沦为"被剥夺者"。外地商人的进入也使社区居民的低水平的商业服务在竞争中占不到便宜。因而社区居民的不满情绪在滋长，特别是他们对投资者和游客的不满情绪大增，进一步影响了游客与社区居民的沟通。

(四) 平稳发展期

这个时期可分为巩固和停滞两个阶段。

第一，巩固阶段。旅游人数增长速度下降，但总量依然增长，社区的经济、社会、环境问题严重。为了缓和旅游市场季节性差异，投资者开拓新的旅游市场，并出现更多的旅游广告。

第二，停滞阶段。旅游人数高峰来到，已经达到或超过旅游容量。旅游地依赖比较保守的回头客。人造景观大量取代自然景观，文化吸引物、接待设施过剩；大批旅游设施被商业利用，旅游业主变换频繁；酒店之间抢夺客源现象严重，市场混乱，低价竞争导致社区服务质量大幅下降。旅游地可能出现环境、社会、经济问题，社区居民对游客产生反感。

（五）衰落或复苏时期

在衰落阶段，旅游者流失，旅游地游客数量依赖邻近地区的一日游和周末双日游的旅游者来支撑。旅游地财产变更频繁，旅游设施被移作他用，外来投资者将资金大量撤出，地方投资重新取代外来投资而占主要地位。

此外，旅游地在停滞阶段之后，也有可能进入复苏阶段。在此阶段，有全新的旅游吸引物取代原有旅游吸引物。要进入复苏阶段，旅游地吸引力必须发生根本的变化，要达到这一目标有两种途径：一是创造一系列新的人造景观；二是发挥未开发的自然旅游资源的优势，重新启动市场。在衰落或复苏的第五阶段，由于景区开发的方式和成效差异，可能存在多种不同情况：

第一种，旅游地经过深度开发，卓有成效，游客量继续增加，市场扩大，很快进入上升期，进入新的一轮生命周期；

第二，景区限于较小规模的调整和改造，游客数量小幅增长，复苏幅度缓慢，注重资源保护，市场得到整治；

第三，重点放在维持现有景区容量，避免游客数量出现下滑，旅游地继续平稳发展；

第四，过度利用资源，不注重环境保护，导致竞争能力下降，游客量显著下滑；战争、瘟疫或其他灾难性事件的发生也会导致游客数量急剧下降，旅游地元气大伤，渐为人们所遗弃。

第三节　体育旅游规划设计的原则与程序

一、体育旅游规划设计的原则

（一）市场导向原则

体育旅游项目开发必须研究市场、面向市场、拓展市场，通过市场调研，获取体育旅游市场的需求和变化趋势，以游客为中心，针对不同区域、不同层次、不同消费的市场需求，充分利用自身丰富的资源优势，通过策划、设计、组合，包装成多元化、多功能的体育旅游产品。不断扩大消费范围、消费规模和消费品质，提高经济效益。

（二）因地制宜原则

体育旅游项目策划对当地的资源条件有很强的依赖性，由于地理、社会、经济、文化环境等构成条件不同，各地资源条件必然会存在显著的地区差异。同时，特定市场对体育旅游的需求和旅游偏爱也因地而异。因此，资源特色是区域体育旅游产生和保持强大吸引力的基础。各地体育旅游资源的开发，绝不能丢弃特色、抛弃优势，进行不符合自身的简单模仿和重复。而应该准确把握体育旅游市场需求和产品的发展趋势，创造性地发挥体育旅游资源与市场的比较优势，因地制宜地开发出具有鲜明地域特色的旅游项目，塑造体育旅游品牌的核心竞争优势，树立起区别于其他地域的特色形象，共创良好的氛围和意境。

（三）差异化原则

要满足体育旅游者的需求差异，体育旅游产品开发必须是多层次和全方位的。根据游客的偏好、收入、职业、性别等，开发出不同价位和不同档次的差异化产品。各单项体育旅游产品构成比例要协调、合理且具有互补性，才能有效利用当地旅游资源条件，顺利进行生产并避免恶性竞争，实现整个行业的良性发展。

（四）安全原则

体育旅游的宗旨是健身健心，维护健康。在游客参与体育旅游活动的过程中，应强化其安全意识，加强安全保障。体育旅游开发的产品和项目，应以运动健身相关理论为基础，使旅游者循序渐进参与到体育旅游活动中，促进身心健康，缓解和消除疲劳，防治疾病，从而提高人们的生活质量。同时，在进行体育旅游过程中，应做好突发预案和安全防备，避免意外伤害事故的发生。还应建立体育旅游救援机制，保护体育旅游参与者的安全。

二、体育旅游规划设计的程序

（一）分析体育旅游项目环境

旅游项目设计时，首先应了解自己竞争对手的情况以及影响景区开发和经营的各种环境因素。对景区内部环境进行分析，主要是对自然资源、人力资源和财力资源的分析；而外部环境分析，主要是分析旅游市场的需求状况、竞争状况和需求趋势。对景区内外环境的分析有助于项目设计者找到项目的创新点或与其他景区项目之间的差异点。

（二）分析体育旅游资源特色

体育旅游项目的内涵和形式要以当地资源特色为基础，这就需要项目设计者在旅游资源调查过程中，对旅游开发地的旅游资源、周边环境及相关资源进行详细分析，并总结出不同旅游功能分区的资源特色；对全国及周边区域相似的资源进行比较分析，形成资源评价报告，以此作为旅游项目设计的基调。

（三）调查体育旅游项目策划的市场

在旅游市场的调查研究中，必须认真研究游客的行为，认清游客行为的时空特征。游客在目的地的空间移动过程对目的地商业业态空间布局起着决定性的作用，对游客的时空行为与商业业态的关系的研究以及对竞争者的分析是市场调查的重点。依据调查结果，分析市场需求，提出项目精确的市场定位与市场目标。

（四）旅游项目的初步构想

通过前期的环境分析、资源调查和市场调查，对项目区域的发展方向进行定位，包括初步的主题定位、发展目标定位、功能定位、运营战略定位等，提出项目的初步构想。旅游项目的构思就是对未来项目成品雏形的设计，是关于旅游项目设计的大致思路。项目构思是利用外界信息不断刺激设计者思维的过程。这些刺激可以是设计者的发散性思维自创，也可以借鉴其他旅游地的旅游项目，如通过调查旅游者、专家学者、竞争对手、旅行社等相关者收集资料寻求灵感。

（五）评价旅游项目构思

规划人员拥有成型的旅游项目构思并不一定能全部具备实施的可行性，因此，需要对自己的项目构思进行甄别。在项目设计市场导向的原则下，规划者要对拥有的项目构思从市场需求规模、项目建设、运营成本、项目的生命力等角度进行评估。通过这种评估将成功概率较小的项目构思淘汰，而保留那些成功概率较大的构思。

（六）详细设计体育旅游项目

旅游项目的详细设计是对被认定为可行的项目策划构思加以完善和具体化的过程，不仅要从总体上对旅游项目的创意进行不断的完善，而且要从小处着眼，将较为抽象的旅游项目转变成独具地方特色的、深受旅游者欢迎的旅游项目。其设计具体包括功能布局、游憩方式设计、景观概念策划、商业模式设计、运营管理设计等。在体育旅游项目的详细设计中，突出顾客体验是贯穿始终的主线。基于顾客体验对体育资源进行开发设计时，首先应着眼于客户的需求，同时要突出消费者的主动参与性及体验的个性化。

1. 提炼合适的体验主题

一次完整的体验起始于一个突显个性与特色、充满诱惑力的统领性主题。所谓创造体验，我们可从感官体验、娱乐体验、情感体验、文化体验及服务体验着手分析顾客心理需求及产品心理属性，挖掘设计精炼且富有特色的主题，如森林探险等。富有吸引力的主题是迈向体验之路的关键，它能为顾客留下深刻的印象，铸造持久记忆，通常合适的主题是游客获得满意体验极为关键的部分。

体验设计最重要的一点即找准定位，定位要注重简明扼要，以产品的真正优势为基础，突出差异性，还要时刻注意能使顾客切身感受，以引起顾客共鸣。要对文化特色内涵进行充分挖掘，选择相适应的体验主题。随着生活需求的转变，人们更加注重于实现和提升自我，因此在对景观体育产品进行主题设计时必须以当地独特深厚的文化底蕴为基础，明确体验主题定位，再结合景观体育自然资源进行产品设计。旅游资源丰富的地域在题材的选择上应与当地景观体育自然资源结合进行全方位考量，选择出适应于开展景观体育项目的题材。

2. 体验场景设计

体验型景观体育产品的场景依据主题及设计的活动项目精心布置活动装饰、布景和道具以增强环境形象的体验性，以期集中游客的注意力，激发其兴趣，帮助他们获得最佳体验效果。如在湖南红色旅游产品的设计过程中充分按照红色时期的摆设装饰等对场景进行布置，则能让游客在参与时有置身其中之感。

3. 活动项目的体验化设计

体验旅游活动项目的设计作为体验旅游的核心，直接影响着该旅游地对于顾客的吸引力。随着生活方式的转变，现代游客更加注重旅游经历，同时也更渴望参与，期望旅行中既能有文化的吸引，又伴随趣味或冒险的运动。因此在体验活动项目设计时，首先要突出项目带给游客的多样性文化体验。首先，开发者要利用现有自然及人文资源，将景观体育项目打造成多幕的舞台剧，服务人员扮演演员角色，旅游景观和旅游设施作为道具，当然游客既是观众也是演员，整个服务提供的过程即表演，让游客在自身角色转换之中获得多元体育文化体验。其次，开发者在进行体育活动开发时应随时注意加强体育活动参与性和创新性，使游客完全沉浸在体验主题场景的仿真氛围之中，获得充分的刺激新鲜感和心理上的满足回味，从而提升景观体育活动的吸引力和品牌效应，使城市形象得到预期的提升并进一步促进推动全民体育的发展。

另外，在体验活动项目的策划和体验过程设计中我们还应充分考虑以下几点问题：首先是体验项目的故事性。应围绕体验主题创造故事情节，如各种神话、科幻、冒险的故事情节均对游客有较强的吸引力；同时在活动设计中要充分融入故事情节，使顾客体验整体连贯，有助于其充分融入体验。其次是需要控制项目的体验节奏。每项活动都会有一个或者几个最为精华的环节来引发整个活动的高潮。例如，漂流过程中游客乘竹筏时间过长可能产生乏味的心理，因此若在漂流后半程适当安插体验体育项目，如攀岩、野营、采摘野果等，则能让游客在松紧适度的节奏中获得丰富的体验。再次是项目的可评价性。为了能有效检测体验景观体育活动项目的体验效果，需要选取体验活动项目设计的定量评价指标体系作为检验标准，有助于项目的完善。

4. 营造完整的体验氛围

仅靠主题的确定和设计体验活动项目很难使顾客对体验留下深刻的印象。必须通过逼真的氛围及特色"剧本"的设置使顾客完全融入情境之中，这样的体验过程才会让顾客产生深刻印象。对于景观体育产品的开发要善于充分运用音乐、光线、色彩、气味、语言等元素来营造主题体验气氛，以增强产品的感染力和吸引力，激发游客的兴趣，当游客完全沉浸于气氛的感染时，其旅游体验就得到升华。当我们对景观体育活动产品做好定位并选择合适的特色体验主题后，怎样才能使游客充分沉浸在主题活动之中并获得更好的体验呢？这就要在保护环境、文化遗址和文物等的基础上针对体验的主题充分营造体验氛围，如对历史文化进行体验主题开发时需要营造浓厚的历史体验氛围，利用具有悠久历史及特色的建筑、遗址、地域风土人情等来布置体验场景，营造体验氛围，使游客感觉身临其境，融入历史的一幕幕中，为游客提供丰富的体验。

5. 体验活动项目及形象整合设计

主题是体验经济的灵魂，也具体反映了体验型景观体育产品的核心精神。因而对于体验经济背景下的景观体育产品而言，主题的重要地位不可动摇。但是在依据主题设计体验型景观体育产品的活动项目和形象时要充分挖掘其主题内涵，不能仅仅停留于主题名称或其他表象上。体验型旅游产品的主题能否被游客所理解以及被游客所接受的程度大小均主要取决于活动项目和形象对主题进行的阐释是否生动。从某种程度而言，活动项目和形象比较容易被游客直接感知，相对于经过高度提炼得出的主题而言，游客更易于体验活动项目及形象。尽管体验型景观体育产品的活动项目较为丰富，但游客通常仅能选择部分进行参与。当游客无法从活动中获得对体验的完全满足时，就会借助形象对活动项目加以补充以扩充体验空间。形象补充活动的具体方法如下：如可通过加强景观体育形象宣传、设计形象生动的旅游纪念品等形式给游客传递信息，从而不断完善其体验。

第四节　体育旅游项目设计开发

一、体育观光旅游项目的设计开发

（一）体育场馆建筑旅游设计开发

多功能应用的概念对地区经济的再发展具有刺激作用。在美国，人们就利用这一点来刺激地区经济的再发展，很多新体育场馆方案就特别值得一提，这些方案要求体育场馆具有促进再发展的潜力，其中就包括促进旅游的潜力。现在越来越多的体育场馆已经被整合为城市休闲娱乐业的一部分，这一点也越来越被人们所接受。除了体育场馆业主从中获得了利益外，地方机构、地区政府和国家中央政府也越来越认识到体育场馆在塑造城市形象上能够起到的重要作用，而且认识到它能够对所在社区的经济和社会发展做出贡献。

体育场馆是一种有景观吸引力的建筑。体育场馆的潜力也被比作沉睡的巨人，我们可以对它进行开发，使之一年四季都成为观光景点。在更基本的层面上，体育场馆定期举办比赛，可以吸引大量观众到现场观看比赛。即使除开那些本地区的观众，体育场馆所吸引的外地观众也比其他观光景点所吸引的参观者要多。体育场馆可以被开发成为一年四季营业的观光景点，这种潜力和观光市场、特殊兴趣旅游以及城市旅游市场（其中包括观看体育比赛的旅游）的发展有着密切的联系。

很多城市都大力开发以体育场馆为中心的旅游潜力，并且取得了成功。这些措施使运动、体育场和旅游之间的关系更密切。不过很少有城市能够像西班牙的巴塞罗那那样充分地开发了体育场位置的潜力，每年该市体育场的博物馆都可以吸引几十万名参观者，这些参观者大部分都是从周边地区过来进行一日游的。

现在将商业活动引入体育场馆已非常重要，因为体育场馆业主要想出各种新鲜的办法来创造新的收入来源，可能最大的潜力还是在于体育观光。体育场馆内在的吸引力在于它是一个特殊的地方，是英雄们创造传奇的地方。体育场馆的这一内在的吸引力使得它具有成为观光景点的特征。

（二）体育主题公园的设计开发

体育主题公园是现代城市公园中的一种，它围绕"体育"的主题，向人们提供更为专业、科学、安全、符合运动需求的园林环境。国外的体育公园在20世纪已取得了丰硕的建设成果。相比之下，我国的体育公园建设起步较晚。

二、登山、徒步项目的设计开发

登山、徒步是近年来流行的健康生活方式，登山健身步道、生态绿道作为这一活动的空间载体已成为人们健身锻炼的场所之一。国外的步道系统已经非常完善，我国正在起步阶段，目前全国都正在积极建设登山健身步道、生态绿道。登山健身步道具有三个主要特点：一是理念先进，倡导科学、安全、环保。步道在设计施工中采用先进的生态施工法，保持路径的原始风貌；二是技术创新，步道功能更加完善。步道建设中吸收了国外先进经验，在安全保障体系、环境保护体系和标识系统方面都有所创新；三是健身旅行有机融合。步道把传统的户外运动同旅游与全民健身结合在一起，遵循了再生性的原则利用自然资源，把自然资源开发真正融入生态环境的建设中。步道路线把沿途的自然景观、古井村落等资源串联起来，游客既可以欣赏自然风光，又可以品味人文历史。

（一）步道类型

1. 依据步道功能分类

依据步道功能，可将健身步道分为山野步道、探险步道、亲子步道、自然科普教育步道和其他步道。山野步道地形地貌多样、植被丰富、景观多样，是融山地、丛林、河瀑（或海洋）、草甸等为一体的登山步道系统，充分结合自然风物和人文景观，适合开展登山健身、露营、攀岩、峡谷穿越、溯溪、野外生存等多种山地户外运动。探险步道地质地貌特点鲜明或罕有，具备科学考察价值，具备一定难度（或难度级别较高），要求体验者具备一定的专业山地户外运动技术。根据地质地貌特点的不同，可设计建造不同探险主题的步道系统，如原始森林探险步道、喀斯特探险步道等。

亲子步道一般邻近城市，紧邻丛林、花木、草坪等，植被覆盖率高，观赏及娱乐性强。步道难度级别低，安全性极高。自然景观优美、舒适宜人、富有趣味性，既考虑孩子的兴趣，同时也兼顾成人的喜好。

自然科普教育步道一般自然环境优美，植被良好，动植物品种丰富，适合开展自然知识的科普教育。步道系统设计以弘扬科学精神、普及科学知识、传播科学思想和方法为指导思想，以"师法自然"为宗旨，结合动植物环境设计不同的区域，如科普游览区和科普试验区等，成为公众尤其是青少年旅游休闲、丰富知识、增长技能的教育基地。

根据所在地域、地质地貌、自然资源等方面的不同，可以设计建造不同主题的步道系统，如环海景观步道、雪域丛林步道等。

2. 依据步道形状（形态）分类

（1）线状步道：一条拥有独立起点、终点（相互不重合）的步道。

（2）环形步道：一条步道形成一个闭合的环形。

（3）网状步道：多条步道交错，形成网状步道系统。

（二）步道线路设计开发原则

为避免破坏自然环境，保证大众安全使用，登山步道系统的路线设计应遵循以下原则：

第一，登山步道系统路线设计应适应自然的地形水文条件，不破坏当地自然景观，尽量充分利用和改造原始的山路、古道、机耕路、防火隔离带、运河等原有的历史性路径。

第二，登山步道系统路线设计应避开可能发生山体滑坡、道路过陡、易发泥石流等危险区域。如难以避让，应树立标识明显的警示牌及建设安全有效的防护设施。

第三，登山步道系统中每条道路应根据不同的区域、地形、地貌、使用功能和资源条件选用不同的设计，并应与其他道路、景点相连接，形成环路，使登山步道系统内无断路、无死路。

第四，登山步道系统的设立应尽量避开生态环境脆弱和野生动物经常活动的区域。如难以避让，应采取相应保护措施。

第五，登山步道路线的选择设计应符合步道系统预期功能。完成路线难度不应超出预期。步道路线的设置应易于救援队救援、救护，方便使用者从步道上撤离。

（三）配套设施设计开发要求

根据登山步道行走的难易度，在步道上的相应距离应设立休息站、露营地、接待站、报警点、临时避难所等配套服务设施。

1. 休息站

休息站应该建在景观点附近，或长距离地形变化较大处，如长坡等。修建地点应综合考虑环境景色、使用者体能分配、地形地势变化等因素，站与站之间相距距离不超过两小时路程。休息站为非明显人工设施，应使用木、竹或石制材料构制，形态颜色应与周边环境保持一致。

2. 露营地

露营地的建立应该在靠近水源地的安全、干燥平整的地区。营地之间相距不应超过八小时路程，在山体结构稳定、地面平整且无塌方洪水危险地区设置。营地的大小应满足额定数日内的人员搭设帐篷，还应设有用火区、取水区、就餐区、娱乐区、卫生区等。

3. 接待站

可依靠农家院落等固有建筑物进行设置。为登山步道使用者提供住宿、补给、垃圾处理、信息帮助、简单医疗等服务。接待站应做到标识统一、价格公开。

4. 报警点

报警点应设立在路况复杂、易迷失区域相对制高点的易于观测位置。报警点应颜色鲜明，易于发现。点与点之间不应超过1小时（或5000米）路程。报警点上应有求助电话、报警点编号、临近路线指示等基本信息。编号应与报警点的位置相对应。报警点应分为普通报警点与太阳能定位报警点两类。

普通报警点一般以石质立柱、木质立柱、大岩石、粗大的树木等作为载体。在其高处设立易于发现的反光标识，具体求援指导信息应刻于或镶嵌于距地面1.5米处。

太阳能定位报警点应采用太阳能定位、救援杆辅助及其他标志设施作为标准配置设施。太阳能定位报警点之间应以四小时路程为宜。太阳能定位救援杆是野外应急救援辅助定位系统器具，高6米到8米。灯杆的底座为太阳能蓄电池，6天中只要有一天有阳光，就可以保证蓄电池的电力供应。底座的上方为手机充电接头，方便游客手机没电时及时充电。充电接头往上的位置将设立一个标志牌，标志牌上面会注明灯杆的编号，游客迷路后，可以将所处位置的灯杆编号报告警方求救，警方可根据灯杆标号在第一时间找到迷路的游客。灯杆的最顶端为警示灯，将在夜间频闪发光，为游客指路。

5. 临时避难所

可借用天然的山洞设立，或采用竹木等材料编制，搭建在步道附近地势较高处，具有挡雨防风等功能，可以依靠安全稳固的岩石、墙壁、立木等自然地形建设。

6. 步道系统标识要求

（1）步道系统上应设置完整的标识系统，并对危险地段着重警示。标识系统应包括建筑类标识、地形类标识、警示类标识、指示类标识等。

（2）标识的材料应以石材、木材等就地取材的天然材料为主，部分警示标识可以采用金属材质制作。

（3）标识的材质、尺寸、色彩等应做到醒目并与周边环境协调融洽。

三、攀岩项目的设计开发

（一）攀岩项目简介

攀岩运动是从登山运动中派生出来的一项竞技体育运动项目，是攀爬者利用人类原始的攀爬本能，借助技术装备和同伴保护，仅依靠自身手脚的力量来控制身体平衡，攀登一些主要由岩石构成的峭壁、裂缝、岩面、大圆石以及人工岩壁等的运动。20世纪80年代，以难度系数为指标的现代竞技攀登比赛开始兴起并引起广泛的兴趣。

攀岩运动对攀登者身体素质、心理素质和意志品质都有较高的要求，攀登者利用精湛的技艺和熟的技巧在峻峭的岩壁上完成各种闪转腾挪、动态跨跳、引体向上等动作。它惊险刺激、新颖时尚，集探险、健身、娱乐和竞技于一体，能充分满足人们回归自然、寻求刺激的欲望，素有"岩壁上的艺术体操"和"岩壁芭蕾"的美誉，受到越来越多年轻人的关注和青睐。攀岩运动开展的形式多种多样，是攀登运动中的一种形式，大致可分为：高山探险、攀岩、攀冰和冰岩混合攀登。另外，根据攀岩过程中运动场所、使用器械、保护方式、岩壁大小、比赛形式等不同分类标准，攀岩运动又可进行多种形式的具体划分。

（二）攀岩场所设计开发

1. 攀岩场所分类

攀岩场所是指能够满足人们进行攀岩（抱石）运动训练、比赛、健身休闲等活动的场所。它包括自然攀岩场所和人工攀岩场所。

自然岩壁是大自然在地壳运动时自然形成的悬崖峭壁，在角度、石质的多样性方面可以带来攀岩线路的千变万化。其给人的真实感和挑战性较强，参与者可自行选择攀岩的岩壁、攀岩路线。而且天然岩壁的路线变化丰富，如凸台、凹窝、裂缝、仰角等，让人体会"山登绝顶我为峰"的感受。人工岩壁是人工构筑的用于攀岩运动的人工攀岩壁，又分为室内攀岩馆和室外人工岩壁。人工岩壁由人为设置岩点和路线，难易程度可随意控制，训练时间比较机动，但高度和真实感有限。人工岩壁对于初学者而言具有较高的安全性。

2. 人工岩壁的设计

（1）攀岩墙的种类

依照其用途，攀岩墙可分为专业竞技型与仿真娱乐型。

①专业竞技型：专业设计，采用高强度仿真复合材料岩板，精心设计路线及难度，供攀岩专业人士、爱好者以及军、警、高空作业等特种行业训练、比赛。其有一定攀爬难度，挑战性较强，能满足竞技比赛要求。

②仿真娱乐型：岩板根据自然山体形状取样翻制而成，仿真度高，包含各种创意设计，安全、刺激，充分考虑不同人群的攀登要求。

（2）攀岩墙的构成

攀岩墙主要由五部分组成：造型岩板、钢架主体、攀岩支点、连接件和保护装备。

①岩板：人造攀岩墙由数百块不到1平方米的岩板组装而成。可以将岩板组装成攀登难度不同的倾斜度，如俯壁、屋檐、直壁等在大自然中见得到的各种岩石状态，固定在支架上，营造出各种空间造型。

②岩壁支架：岩壁支架是攀岩墙的主体结构，分为独立结构和有支撑结构。一般采用钢结构。

③攀岩支点：攀岩支点是攀岩墙的重要配件，其制作材料和工艺与岩板相似，形状各异，有仿真的，也有卡通的，由不锈钢螺栓固定在岩板上，做运动者攀爬时双手的握点和脚的登点。

（3）岩道设置

岩道设置常见为三条道，分别为速度训练道、中难度道和难度道。速度训练道适合初次攀岩及平时的普通攀爬；中难度道和难度道，便于体力好、四肢协调性好、技术水平高的学员攀爬训练。

第七章　非物质文化景观旅游规划与开发

非物质文化景观具有重要的文化、历史、社会价值，是人类在加工自然、塑造自我的过程中形成的规范的、精神的、人格的、主观的意象事物。非物质文化景观既需要开发利用，又需要促进非物质文化的保护和传承。所以这需要在开发时做好规划，帮助游客对非物质文化景观蕴藏的文化内核和精神诉求进行深度理解，同时也要保护好非物质文化景观。本章简要介绍了非物质文化景观的内容，并对非物质文化景观旅游的规划与开发利用以及旅游资源的保护与传承提出一些建议。

第一节　非物质文化景观概述

一、非物质文化景观的概念

非物质文化遗产是历经许多岁月传承下来的优秀瑰宝，具有极高的艺术价值、文化价值。[①] 文化景观的内容除了一些主要通过视觉感官感受到的具体事物以外，还有一种可以抽象地感受到而难以表达出来的"气氛"，它往往与社会观念、民风民俗和政治制度等非物质因素有关，这就是非物质文化景观。必须指出的是，在景观规划设计学中，"非物质文化景观"是一个新概念。在历史上，景观规划设计学中并没有人使用"非物质文化景观"这样的词组，不过，这并不意味着非物质文化景观的内容不存在。

与文化的结构相适应，文化景观又可分为物质体系的景观和非物质体系的景观两大部分。物质体系的景观（具象景观）是指人类加工自然而产生的技

[①] 朱云祥，彭军. 城市非物质文化遗产转化的景观设计研究［J］. 美与时代（上），2020（7）.

术的、器物的、非人格的客观实体，如聚落、城市、公园、景观小品等；而非物质体系的景观（抽象景观）是指人类在加工自然、塑造自我的过程中形成规范的主观的意象事物，如民俗、园林意境等。

基于以上认识，我们可以认定"非物质文化景观"一词的构成有历史文化基础。由于非物质性（精神性）是人类文化完善过程中相当重要的内容，将之与"文化景观"联结起来，形成"非物质文化景观"这样的词组恰恰体现了人类追求美好生活的愿望。在这个词组中，"非物质"表明了"文化景观"存在的形态，而"文化景观"则体现了景观的内涵。同时，"非物质文化景观"这个概念的形成也是现代景观规划设计学发展、扩张、完善的必然结果，是从现代景观规划设计学立场审视、包容、扩充传统园林学的逻辑结果。

二、非物质文化景观的结构

非物质文化景观具有明显的地域性，其内容丰富多样，内涵领域广泛，从层级角度看，它涉及社会各阶层和群体的多层次心理与精神领域，具有极高的历史、文化、经济、科学、社会价值。[①] 非物质文化景观的结构是指非物质文化内部的组织和排列形式，如词组有词组结构，句子有句型结构，人体有人体结构等。非物质文化景观的结构在其作为特定组织系统的意义时，具有特殊的结构方式和结构层面，并因此形成了多样且丰富的表现形态。

（一）民俗与生活

民俗作为民间生活文化，往往以生活方式作为展示自己的场所和生存、延续的手段。民俗是生活的一种模式性形式，尤其是那些已经完全生活化的民俗，其生活色彩的浓厚程度已经被生活在其中的人们习以为常、司空见惯，完全丧失和淡化了对这一民俗事象的认识，而仅仅被当作一种生活方式来予以看待。因此，人们常将"风俗"与"习惯"两个词连在一起使用，将某个人类群体中所共有的生活习惯界定为民俗，以至于民俗与风俗不分，习惯与民俗混为一体。这种现象本身就说明民俗即是生活模式，生活模式即是民俗，两者密不可分，水乳交融，表现为生活化模式和模式化生活，其成为人们生活习惯的重要组成部分。

---

① 邹阳，陈飞虎. 价值的转化和创生——非物质文化景观再现途径探讨 [J]. 湖南大学学报（社会科学版），2012（5）.

（二）民俗与制度

民俗与制度的关系在于，民俗是民间的"礼仪"与"规范"，是民间不成文的"典章制度和组织机构"，是官方制度赖以存在的"风俗"基础，也是官方成文法"上风化下"的沿袭与传播。这里"民众"相对于"官员"，"民间"相对于"官方"，而"民俗"则是相对于"官方制度"而言。在我国古代，法律的制定经历了由"俗"而"礼"、由"礼"而"法"的发展过程，表明古代官方的成文法在某个历史时期是以民间"习惯法"中不成文的规范和礼仪为基础和蓝本。

（三）民俗与艺术

民俗相对于高雅的艺术而言，其是"平民文化"，是文明社会中受教育较少的民众所具有的文化表现，是民间传承的原生态生活文化事象。其主体——民众，可界定为受教育较少的平民、没文化教养的民众或土里土气的乡下人。正是这些民众承受和创造了"平民文化"，也是民俗的载体。

虽然作为民俗主体的民众所创造的平民文化受教育程度与文化修养的制约与影响，但这并不能说明"平民文化"就毫无价值。较之高雅的艺术，它们是由一般民众在日常生活、日常实践中自发创造的，未经雕琢、粗糙素朴的文化，如各种民间故事、民间传说等都属此列。平民文化紧贴实践，与日常意识、直接经验、直接技能纠合在一起，一般比较零散和无序。各种常识文化如民间验方、俗言、行业"绝招"等都可归于此类。它们具有鲜明的地方色彩和行业性，这使平民文化形成了强烈的封闭性和排他性，不容易参与文化交流，也不容易摄取异质文化的营养和积极成分，如旧时民间的各种行为规矩、信仰、技艺等都是如此。它们多建立在经验传统、信仰传统、生活传统、社区组织传统的基础上，约定俗成的因素多，行为规范性较强。

民俗文化是真正属于平民、表现平民的文化，它的活水源头是平民的生活，它的主要舞台是社会的下层，它的历史主体是广大平民。在整个社会的文化系列中，它们多是以亚文化的形式出现，是具有丰富实践性和多样性的人类文化形态。

三、非物质文化景观的形式

非物质文化景观的形式是指构成非物质文化景观诸要素的结构和显现方式，是包括质量在内的感性形象。规范制度、世俗生活和艺术领域是非物质文化景观形式表现的主要空间。但非物质文化景观的形式包罗万象、多如牛毛，且并无明确而系统的分类，我们是以旅游资源开发为导向，从景观规划设计学的角度对非物质文化景观的形式进行大体归类，且主要是关注那些具有游憩与旅游价值的形式。

(一) 民俗类

民俗是在民众中传承的社会文化传统，是由民众所创造与享用，并不断传播、世代传承和延续的一种社会生活与文化事象，是潜藏于国民生活深处的最基本的民族特征。民俗具有根本性民族文化特征，既是这一民族区别于其他民族的重要文化内容，又是塑造这个民族的观念意识和行为规范及社会性的不成文法规，还体现这个民族所创造的物质财富与精神财富及创造过程中的全部特征。民俗生活文化既是一种历史文化传统，又是民众现实社会生活的重要组成部分。

无论产生、发展、演变还是消亡的过程都集中地体现出民俗特有的规律和特点，民俗首先是社会的、集体的，它不是个人有意无意的创作。即便有一些原来是个人或少数人创立和发展起来，但是它们也必须经过集体的同意和反复履行，才能成为民俗。其次，民俗跟集体性密切相关，这种现象的存在不是个性化的，而是类型或模式。再次，它们在时间上是传承的，在空间上是播布的。民俗所具有的社会性、普遍性、集体性、类型性、模式性、传承性和播布性等特征，足以使其成为涉及人类社会各个方面、几乎无处不存在、无所不包容的一种异常庞大而丰富的人类文化事象。

(二) 制度类

制度文化是由人的交往需求而产生的合理处理个体之间、个体与群体之间经济、政治和法律等关系的思想及行为模式，其在人们的交往实践中生成。相对于还处在思想、观念状态没有变成社会规范的非物质文化而言，制度文化具有规范或制度的性质，并为多数人所遵循，对人们的行为具有某种约束力，对个体的道德心理具有更为直接的影响，能直接规范个体的思想和行为。制度文化具有丰富的内容，它包括与个体生存活动和群体社会活动相关的各种制度，如经济制度、政治制度、文化制度、法律制度、婚姻制度、企业制度、交换制度、公共管理制度、教育制度等。在这些制度中，对个体影响最大的是政治体制、伦理道德和行政法律。

(三) 艺术类

艺术是人借助一定的物质材料和工具,通过审美能力和技巧在精神与物质材料、心灵与审美对象相互作用、相互结合的情况下充满激情与活力的创造性劳动。艺术是人类按照美的规律创造世界,同时也按照美的规律创造自身的实践活动;艺术是人类能动的、创造性地实践生产出来的精神产品。艺术之所以被认为是具有相对稳定性、继承性、超越时空的独立自在的"艺术世界",除了它本身具有的审美价值、精神价值之外很重要的一点,就是艺术标志着一个民族、一个时代所拥有的宝贵且独一无二的艺术创造力或是艺术生产力的水平。艺术创造和生产技艺性的审美经验、艺术的形式和审美规范、艺术生产工具和艺术产品等,并不随时代变迁而骤然坠落消失,而是以惊人的活力,沿着规律性轨迹朝前运动,表现为新的艺术创造和艺术生产过程。

艺术作为一种"精神产品",凝聚着个体与社会的双重特性。从价值论的角度看,艺术是个体价值与社会价值的复合体。艺术的个体价值代表着艺术与个人之间的关系,艺术的社会价值代表着艺术与社会整体之间的关系。艺术的个体价值有着满足个人精神需求的属性。对作者来说,纯粹的个体需求有两方面:一是自我实现的需求,二是情感宣泄的需求。艺术的社会价值体现在艺术是一种审美的创造性社会意识形态,它要满足人们心灵上的渴求和精神上的需要,它要唤醒人们超越美学限制的自创力。

四、非物质文化景观的性质

人们对事物的认识,总不愿意停留在表象层面,而是希望深入到内核层面。这里所说的"性质"是指非物质文化景观的本质特征,即谈论非物质文化景观的"本质"问题。从横向层面看,随着人们对非物质文化景观观察角度的变化,人们对其本质的认识不断拓宽;从纵向层面来看,随着人们对非物质文化景观认识的不断深入,人们对其本质的认识也在不断推进。

(一) 文化性

非物质文化景观的文化性首先凝结于"文化景观"的概念中。因为"文化景观"的概念本身就是文化形成和发展过程高度"融缩"的结果,是对自然要素加以"规划""经营"的人文活动景观。"文化"与"景观"两词合成的过程本身就体现了非物质文化景观的人文化和综合化。其次,非物质文化景观往往是人类在自然环境影响下对生产和生活方式的选择,体现为在特定地域范围内的群体为了生存而彼此依靠,并形成一系列共同的信仰、观念、价值取向和行为准则,是社会所有成员所共有的文化。非物质文化景观即是这个群体的习俗、精神、生活和情感的化身,而一个地区最具特色与魅力的旅游吸引力往往就是这些蕴涵在文化背景之中的非物质文化要素。

(二) 非物质性

人类生存的需求是多方面的,除了物质需求之外,还有各种各样的精神需求。从总体上说,人类的景观建设与消费活动不仅具有丰富的物质形态和文化内涵,而且包含着历史长久以来所积淀的人文智慧,因为人对景观的建设与游憩不是一种简单的机械活动,而是宇宙间物质与精神相联结的高级存在与高级运动方式。这种高级存在与高级运动方式一方面体现为物质的加工与享受,另一方面则表现为情感、意志、思维、意境的精神引导。非物质文化景观正是在追求物质形式景观的前提下注重人类的精神层面,并在长期的实践过程中创造了诸多排遣精神痛苦、表达精神追求、升华精神境界的形式与方法。

(三) 多重性

非物质文化景观的发展是一个不断积淀的过程,它的构成不是单一的,而是复杂多样的。与其丰富的内容相对应,特质具有多重性。

首先,非物质文化景观既是物质文化景观的重要组成部分,又是人类精神文化的一种表现形态。非物质文化景观依托物质景观得以表达与传递,因而深深地打上了所依附物质的地域性、民族性等特征,非物质文化景观具有鲜明的个性特征。同时,非物质文化景观又是抽象于物质层次之外的精神文化,因而具有人类文化的共性特征。

其次,非物质文化景观表现了大众文化与精英文化的相互包容性。一方面,非物质文化景观以大众文化为基础,通过民俗、礼仪、歌舞等大众化的形式广泛地渗透于民众的现实生活之中;另一方面,非物质文化景观又以经典为载体,将其审美情趣和艺术观念通过实践活动凝结为高雅的、经典的物质作品或文本著作。两者相互学习,互相影响,造就了非物质文化景观开放包容的系统。

最后,非物质文化景观的发展是一个不断积累和更新的过程。在这个过程中,许多自然或人文景观要素由于实践的推动而积淀成为可以长久传承的精神文化形态,而原先积淀已久的精神文化形态在一定的历史条件下也可以通过新的物质形态或手段进行表达,甚至赋予其新的精神意义。非物质文化景观正是在这种不断积累和更新的过程中得以发展。

第二节　非物质文化景观旅游的规划与开发设计

一、非物质文化景观旅游规划设计的要点和原则

(一) 非物质文化景观旅游规划设计的要点

非物质文化景观旅游规划设计需要关注旅游过程是否可以满足游客理解各地文化习俗和知识内涵的需求，部分游客旅游的目的在于丰富自身阅历和人生经历，带有明显增智、学习性质。同时，此类游客进行旅游的目的是针对旅游地点的某一风俗习惯或风景进行了解和学习，非物质文化景观旅游规划设计需要考虑游客此类需求，尽可能体现当地特色，通过设计满足游客"求知、求新、求奇、求乐"的精神层面需要，打造符合游客心理预期的特色化旅游体验。

非物质文化景观旅游规划设计需要引导游客对非物质文化景观内核进行深层体验，理解特色景观中蕴含的文化内核和精神文化，美丽的风景可以为游客带来视觉体验，而通过对景观文化的深度了解可以帮助游客获得长久且深刻的心灵震撼。当游客在一个城市旅游时，体验城市文化习俗带来的乐趣往往强于"快餐式"的旅游体验，非物质文化景观旅游规划设计工作不仅需要注重游客的视觉体验，更需要强调游客在旅游过程中获得的人文体验。

当游客在拥有非物质文化景观地区的进行旅游活动时，其追求的往往不只是观光、度假等，此类游客通常希望在旅游过程中感受探索与研究的乐趣，对旅游过程中的文化内涵有较高需求。而部分文化水平较高或旅游经验较为丰富的游客，因为其本身可能对当地非物质文化景观有较为深刻的理解和偏好，对旅游过程中出现的文化元素会提出一些相对较为专业的需求，故相关工作人员需要针对这一部分特殊群体，在景观设计中插入一些专业和通俗并存的内容。例如部分景观带有浓厚的思想文化性质，此类景观需要针对这一特点，强调游客在旅行过程中收获的精神熏陶，对"民俗文化""艺术""制度思想""高新科技"等非物质文化景观蕴藏的文化内核和精神诉求进行深度理解，进而帮助部分旅游者完成人生境界的提升和蜕变。

从非物质文化景观旅游规划角度进行分析，大部分民俗文化内容都可以借助各类技术和手段等完成再现，技术手段的发展极大增强了非物质文化的传承

性，故相关工作人员进行设计时需要结合景观的实际情况，尽可能提高景观的观赏性和游客在旅行过程中的参与度，将当地代表性文化习俗或风景融入设计中。考虑到非物质文化遗产景观化的需求，设计过程中应强调景观文化内涵带给旅客的人文体验，进而达到保护和传承非物质文化遗产的目的，在不丢失传统文化内核的同时进行文化革新。

旅游产品要想长期立足于市场，就必须打造出独特的品牌。无论是历史传说、神话故事、特色音乐还是地方歌舞、区域语言、手工技艺，一个国家或地区的非物质文化遗产本身就具有很强的文化性和品牌价值。但是这种文化性需要得到充分挖掘，才能塑造成品牌，进而提升其价值。

具体而言，相关工作人员需要对当地与非物质文化相关的物品和文化元素进行收集整理，并结合专家的意见对其特点和文化内涵进行整理和分析，可重点分析物品本身的视觉、听觉、概念形象，根据其整体景观意象设计文化元素的具体表现模式，做到雅俗共赏。同时，物质文化景观旅游规划相关工作中，工作人员需要回归景观所处地的实际情况，根据当地地域特点、居民的文化习俗、空间分区情况等因素，将非物质文化遗产和景观分区适应，设计具有当地特色的文化景观。在竞争日趋激烈的旅游市场中，行业竞争实际上就是品牌竞争。

(二) 非物质文化景观旅游规划原则

在非物质文化景观旅游规划设计工作中，工作人员需要注重对文物或环境整体的保护，以可持续发展的角度调整旅游区的整体布局和发展路线，对历史遗迹和历史建筑进行保护并不能起到延长非物质文化景观存在时间的效果，同时非物质文化景观旅游规划设计需要兼顾当地旅游业的发展和生活条件的改善，真正做到"绿色发展"。故需要工作人员以保护历史环境为前提，合理开发和利用景观中可以反映非物质文化遗产元素的文化遗迹。根据文化旅游区内的特点来开发文化区背后蕴藏的文化精神，打造具有人文主义特色的旅游项目。无论是空间改造还是进行艺术加工，其最终目的就是为人民服务。因此，在对非物质文化遗产村镇进行景观设计时要最大化地满足各类群体的使用需要，以他们的需要为设计出发点，真正做到以人为本。[①]

对古典建筑进行保护或维修时，需要强调"整旧如故"，工作人员需要理解建筑本身具有的文化和历史内涵，对其破损之处进行维修，避免大幅度翻修

---

① 刘佳佳，李想. 非物质文化遗产保护视野下的特色村镇景观设计研究 [J]. 戏剧之家，2020 (5).

导致其失去本来的韵味。对古典建筑进行翻修的最终目的在于保证其可以真实反映出建筑的文化特征和思想风潮，而不是让其在现代更加"富丽堂皇"，故工作人员需要严格遵守《中华人民共和国文物保护法》《中华人民共和国文物保护法实施条例》等相关法律与法规。

非物质文化景观旅游规划设计工作需要寻找社会效益、经济效益、生态效益存在的共同需求。以循环经济理论为基础，对非物质文化景观进行开发和保护，使其在今天重新焕发生机。例如，在开发过程中向游客强调生态保护的重要性，并严格遵守和执行《环保法》《水污染防治法》《森林法》《水土保持法》《农村生态环境建设标准》等法律内容。

二、非物质文化景观的展现设计

非物质文化内容通过对象化与内化的过程而得以转化并表现出来，非物质文化景观旅游规划设计即是针对旅游的需要，将非物质文化景观形式通过科学的规划与有计划的安排实现强化与凸显，最终展示给旅游者。如前所述，非物质文化景观资源往往表现为一些活态的、口头的，有时甚至是精神的存在方式，这与一般物质形态旅游资源的规划设计有着很大不同。我们可以通过以下方式将非物质文化景观展现给旅游者。

（一）集中展现

1. 博物馆

博物馆在保护、研究与展示物化于物质载体之上的非物质文化景观有着不可比拟的优势。同时，博物馆也是营造非物质文化景观旅游体验的绝好场所。它是非物质文化景观旅游中意境场的集中之处，也是意境场最好的空间体现。

博物馆出现于奴隶社会，其本质功能是收藏、保护藏品。随着近代资本主义文明浪潮的传播，其带动了博物馆的变革和发展，博物馆拓展出科学研究与宣传教育的两大职能。20世纪后期，博物馆的形式和内容都更为多元化。进入21世纪，博物馆迎来全球化时代，更加强调其为社会服务的本质，并将展示、宣传文化内涵放在更为重要的地位。

按国际博物馆协会对博物馆的定义，博物馆是一个以研究、教育、欣赏为目的而进行征集、保护、研究、传播和展示人类及人类环境物证的非营利性质永久性机构。其为社会发展服务，面向大众开放。国际博物馆协会还进一步认可了9类相关机构亦具有博物馆资格：①具有博物馆性质且从事征集、保护并传播人类及人类环境物证的自然、考古及人种学的历史古迹与遗址。②收藏并陈列动物、植物活标本的机构。如植物园、动物园、水族馆和人工生态园。

③科学中心及天文馆。④图书馆及档案中心常设的非营利性艺术展厅、保护机构和展览厅。⑤自然保护区。⑥符合博物馆定义的国际、国家、区域性或地方性博物馆组织,以及负责博物馆事务的政府部门或公共机构。⑦从事与博物馆和博物馆学有关的研究、教育、培训、记录和其他事务的非营利性机构或组织。⑧保护、延续和管理实物或非实物遗产资源(活遗产和数字模拟活动)的文化中心或相关机构。⑨执行委员会经征求咨询委员会意见后认为其具有博物馆的部分或全部特征,或通过博物馆学研究、教育或培训,支持博物馆及博物馆专业工作人员的其他机构。

从以上国际博物馆协会对博物馆的定义与9类相关机构的资格认定可以看出,其包括的内容相当广泛,基本涵盖了非物质文化景观符号类与一般物质实体类载体的绝大多数内容,即凡可移动的、可物化的非物质文化景观载体都可通过博物馆的形式来展现。

2. 民俗风情园

从国际博物馆协会广义的博物馆概念来理解,民俗风情园亦具有部分博物馆的性质,这里将其独立提出来讨论,是因为非物质文化景观最具代表性的载体——人及其在生活中所展现的言谈、举止、行为、服饰等身体上的信息是活生生的,不便于用博物馆的形式加以展现,而民俗风情园这种旅游形式能将某些无法以物质化或符号化的口头或技艺性的非物质文化景观生动地展现给旅游者。

我们这里所说的民俗风情园指主要由人工新造为主,以收集、保存、展示民族文化遗产和民俗文化为中心,融教育、娱乐、休闲为一体的多元化、综合性的大型游乐区。例如,喀什西山民俗风情园就是一个带有浓郁民族特色的,集历史、人文、景点为一体的大型旅游风情园,是集中展现喀什地区维吾尔族歌舞、饮食、服饰等非物质文化景观的主要场所。

一般民俗风情园的建设,从总体布局、建筑风格到室内陈设、用具的选用,都应严守旧规,无论是形态、尺寸,还是材料、技术,皆以民族习惯或旧制为准。

民俗风情园最能集中保存与展示活态的民族生活,从衣食住行到农工商等,从岁时年节、婚丧喜庆、童玩杂耍、民间技艺到文教音乐、戏曲歌谣、民族歌舞等,其都能在民俗风情园中一一表现出来。

民俗风情园中保存与再现往昔生活方式与社会原貌,在为外地游客提供了解本当地民族文化与娱乐机会的同时,也为当地民族成长中的下一代提供了学习和体验民族传统文化、感受前辈的智慧和气息的学习场所。

（二）生活中的展现

民俗村，这里所说的民俗村不同于上文人工新建的民俗风情园，其是指主要以民族文化积淀深厚、民俗特色突出的自然村落、民族聚居区域为依托，在不影响、不改变原住民的生活习惯与文化风俗的基础上，将其开发建设为具有一定旅游接待能力的非物质文化展示景区或景点。游客直接置身于原汁原味的民族风情生活环境之中，通过与当地居民共同生活、交流、学习，以体验民俗村原生态生活中的非物质文化景观。比如以"吃农家饭、品农家菜、住农家院、干农家活、娱农家乐、购农家品"为特色的成都农家乐就是依托川西民居以及花卉、盆景、果木等生产基地，通过农家园林、观光果园、花园客栈等形式将川西民风、农事体验、农林科普等非物质文化景观展现给前来休闲度假的旅游者。这种通过真实生活来展现当地民风民俗的"成都农家乐"形式经过十余年的发展现已成为影响全国的乡村旅游开发模式。

三、非物质文化景观旅游规划设计思路

（一）非物质文化遗产的景观表达方式

部分非遗文化是劳动人民在劳动中形成的独特民俗文化，其反映了各个地区独有的民俗文化内容。非物质文化通常借助各类载体进行再现，工作人员需要借助有形的载体引导旅客在特定视角欣赏文化景观，帮助旅客处理非物质文化景观在表达中存在的障碍。[1] 非物质文化遗产种类较多，其载体形式也相对较为复杂多样，故景观的文化内核也可以从多方面进行诠释，其可以是当地独有的手工产品，也可以是特有的精神文化，例如传统节日仪式或歌舞表演。

（二）展示类项目的景观表达

在非物质文化景观旅游规划设计工作中，工作人员可以适当利用文字语言体现文化精神的特点，文字具有较强的分辨性和通用性，将文字形象运用于城市景观规划设计工作中，可以有效体现文化景观本身具备的历史和文化内涵。同时，利用文字可以有效体现当地故事文化蕴藏的景观文化内涵。工作人员可以利用牌匾、对联、碑文等表达方式进行直观表现，其中牌匾可以较为直白地传递景观蕴藏的文化内核，对联则可以通过文字艺术体现当地景观的特色内容，碑文则以文字艺术的形式体现景观的文化和历史沉淀。

---

[1] 邹宏玉. 非物质文化景观旅游规划设计研究 [J]. 中国民族博览，2020（8）.

同时，相关工作人员可以借助小型雕塑、特色文化墙和可以代表当地文化图案的元素深化景观文化内涵，让有艺术和文化追求的旅客获得心理满足，让有视觉感官追求的游客获得优质的视听体验。例如，结合民间美术，适当保留相关艺术作品的造型、色彩等要素，针对景观环境和园区设施进行改造（指示牌、小品雕塑），让游客在游玩过程中理解景观文化内涵，还可以通过设立特色文化墙的方式展现文学故事和神话传说，这种较为直观的表达方式可以让游客获得一定的情景体验。

工作人员应重视环境对文化景观的影响，例如建筑、植物、水、石通常可以体现景观蕴藏的文化内容，甚至部分文化的传承也是借助建筑得以保存，保留景观的建筑物特点并加以放大，可以帮助旅客直观了解建筑物和环境的设计思想和特点。例如旅客通过了解传统园林布局的"一池三山"模式，了解其代表的神话传说，在旅游过程中收获文化知识。

四、非物质文化景观旅游规划设计具体措施

如果条件允许，可以以景观当地民间故事里的人物打造商业形象并推出文化品牌。同时，部分景观所在地区的饮食文化较为发达，可以联合当地人民打造特色餐饮旅游区域，培育部分风评和口味较好的老字号，打造知名度和口味俱佳的特色门店。具体来说，工作人员首先可以改善现有小吃夜市的环境并丰富其种类，在保留当地饮食文化特色的同时进行改革，让当地饮食更加适应大众需求。旅游区的管理层需要严格执行饮食标准和法规，对当地餐饮的种类、数量、质量和价位进行把控。在通常情况下，非物质文化遗产并不能完全融入人们的日常生活，了解和传承的形式也比较有限。而且，人们大多通过媒体等第三方平台了解到非物质文化遗产，因此并不能感同身受。将非遗景观表达化的这一举措能让人们更深入地认识非遗，一定程度上起到了宣传作用。另一方面也提高了非遗本身的影响力，有助于非物质文化遗产的传承。[1]

部分地区交通较为不便，工作人员需要设计旅游道路以及一定的保护工程。相关工作需要根据景点的实际情况开展，尽可能结合当地地形建设，避免对当地生态环境造成不可逆的破坏。

---

[1] 黄天爱，雷悦，俞丽珊，徐欢. 大运河非物质文化遗产在绿地中的景观设计表达形式 [J]. 现代园艺，2021（5）.

第三节 非物质文化景观旅游资源的保护与传承

一、非物质文化景观旅游资源的保护

(一) 世界保护非物质文化景观的潮流

自19世纪工业革命以来,世界经济飞速发展、人们的生活习惯发生巨变,现代建筑与城市化改变了欧洲面貌,大批珍贵的古建筑和历史环境被无情地破坏。在此背景下,欧美发达国家开始觉醒,通过抢救、立法定规等手段严加保护,形成了全球性的保护世界遗产潮流。其中,具有里程碑意义的是20世纪制定并公布的"三大宪章一个公约",即《雅典宪章》《威尼斯宪章》《华盛顿宪章》和1972年11月联合国教科文组织颁布的《保护世界文化和自然遗产公约》。

1. 保护物质文化与自然景观的潮流

早在20世纪中叶,人们已经认识到人类文化遗产和自然遗产日益受到全球工业化与城市化的破坏和威胁,这些物质文化与自然景观遗产是不可替代的财产,对全世界人民很重要,任何文化或自然遗产的损坏或丢失都会造成全世界遗产的枯竭。联合国教科文组织于1972年11月16日通过了《保护世界文化和自然遗产公约》(Convention Concerning the Protection of the World Cultural and Natural Heritage),旨在为人类的长远福祉和子孙后代保护、保存文化与自然遗产。这些遗产一旦列入《世界遗产名录》,就意味着该遗产成为世界性的公共资产,申请国将向全人类做出保护这一世界性遗产的承诺。

1976年,世界遗产委员会成立,并组建《世界遗产名录》。公约自1975年正式生效后,至今已有180个缔约国。中国于1985年12月12日加入《保护世界文化和自然遗产公约》。1992年在美国圣菲召开的联合国教科文组织世界遗产委员会第16届会议提出文化景观的概念,并纳入了《世界遗产名录》中。[①] 1999年10月29日,中国当选为世界遗产委员会成员,并于1986年开始向联合国教科文组织申报世界遗产项目。从1987年第1批6处遗产地登录

[①] 肖晴,王寅寅,连洪燕,李若愚.非物质文化景观在庙会公共空间中的应用研究 [J].安徽建筑,2019 (1).

《世界遗产名录》到 2021 年 7 月已有 56 处文化和自然遗产被列入名录，数量居世界第一位。其中文化遗产 38 处，自然遗产 14 处，文化和自然双重遗产 4 处。

2. 保护非物质文化的潮流

在人们重视物质性的文化与自然遗产的同时，人类也逐渐意识到保护非物质的文化遗产的重要性。人类对非物质文化的认识与保护大体经历了 4 个阶段。

第一个阶段：关于保护传统和民间文化的建议。1989 年 11 月，在联合国教科文组织第 25 届大会上，通过了《关于保护传统和民间文化的建议》，提出了"传统和民间文化"的概念，对传统和民间文化的保护、振兴等方面制定了指导原则。该建议要求缔约国根据各自的法律规定，通过所需要的立法措施或其他步骤，执行保护传统和民间文化的各项规定，以便在本国领土上实施该建议所规定的原则和措施，保护遗产免遭种种人为和自然的危害。

第二个阶段：建立"人类活财富"制度。1993 年，联合国教科文组织执行局在第 142 届会议做出决议，建立"人类活财富"制度。教科文组织主持召开了若干会议和研讨会，旨在提高认识和鼓励各国政府建立国家级的保护制度。

第三个阶段：实施"人类口头和非物质遗产代表作"计划。1997 年 11 月，第 29 届联合国教科文组织成员国大会通过了教科文组织宣布"人类口头遗产代表作"国际荣誉称号的决议。在教科文组织第 154 届执行局会议上，考虑到"口头遗产"并不能涵盖全部遗产以及其与"非物质遗产"的不可分性，决定在"口头遗产"的后面加上"非物质遗产"。1998 年 10 月在联合国教科文组织执行局第 155 届会议上通过了《教科文组织宣布"人类口头和非物质遗产代表作"条例》，正式提出了"人类口头和非物质遗产"的概念。2001 年教科文组织发布《世界文化多样性宣言》；2002 年联合国教科文组织第三次文化部长圆桌会议通过了《伊斯坦布尔宣言》，宣言强调非物质文化遗产的重要性，其是文化多样性的熔炉，又是可持续发展的保证。教科文组织于 2000 年开始实施"人类口头和非物质遗产代表作"计划。根据规定，每两年宣布一批"代表作"，每个国家每次只能推荐一项；鼓励多国联合申报，不占国家名额。2001 年 5 月 18 日，教科文组织宣布了第一批 19 项"人类口头和非物质遗产代表作"，2003 年宣布了第二批 28 项"代表作"。

第四个阶段：制定并通过《保护非物质文化遗产公约》。考虑到非物质文化遗产与物质文化遗产和自然遗产之间的内在依存关系，人们已认识到保护人类非物质文化遗产是普遍的意愿和共同关心的事项。为了避免非物质文化遗产遭受损坏、破坏和消失的严重威胁，同时，鉴于国际上现有的关于文化遗产和自然遗产的协定、建议书和决议缺乏非物质文化遗产方面的规定，联合国教科文组织于 2003 年 10 月 17 日在巴黎举行了第三十二届会议，大会上通过了《保护非物质文化遗产公约》。公约的宗旨是保护非物质文化遗产；尊重有关群体、团体和个人的非物质文化遗产；在地方、国家和国际一级提高对非物质文化遗产及鉴赏的重要性意识；开展国际合作及提供国际援助。

  2007 年 9 月 3 日至 7 日，在日本东京召开的政府间委员会第二次会议通过决议，所有此前被宣布为"人类口头非物质遗产代表作"的遗产将在"人类非物质文化遗产代表作名录"建立后立即自动纳入该名录。2008 年 11 月 4 日至 8 日，在土耳其伊斯坦布尔举行的政府间委员会第三次会议通过决议，将《保护非物质文化遗产公约》生效前宣布的 90 个"人类口头和非物质遗产代表作"项目列入"人类非物质文化遗产代表作名录"。

  以上 4 个阶段的"遗产"名称从"传统和民间文化""人类活财富""人类口头和非物质遗产"发展到"非物质文化遗产"，教科文组织对非物质文化遗产的认定范围不断扩大，并实行了更加有力的保护。

  教科文组织 1972 年通过的《保护世界文化和自然遗产公约》中没有关于保护非物质文化遗产的内容。公约保护的重点是文物、古迹、建筑遗址、文化景观和自然遗产等。而非物质文化遗产是以人为本的活态遗产，它更注重的是技能、技术、知识的传承，保护的对象是文化表现形式和文化空间。

  非物质文化遗产既是人类历史发展长河中各国各民族生活方式、智慧与情感的载体，又是可持续发展的保证。申报"代表作"与申报列入"世界遗产名录"的程序和方法均有差别。申报列入"世界遗产名录"是保护状况达标的遗产地；而申报"代表作"则把项目价值、消亡危险和做好 10 年保护计划作为整体，3 个基本申报条件缺一不可。

  《保护非物质文化遗产公约》的通过将为保护非物质文化遗产提供广阔的前景。当达到 30 个国家加入公约并生效后，"人类口头和非物质遗产代表作"计划将终止，到时将根据公约有关条款的规定，建立"人类非物质文化遗产代表作名录"。此前宣布的三批代表作将纳入人类非物质文化遗产代表作名录。非物质文化遗产将得到更加有效的保护。

（二）中国对保护非物质文化遗产的重视

  我国是统一的多民族国家，56 个民族在长期生产生活实践中创造了丰富多彩的文化遗产。随着全球化趋势的加强与我国现代化进程的加快，国内传统文化生态发生了巨大变化，非物质文化遗产受到严重冲击，加强非物质文化遗产保护工作任重而道远。随着人们认识的提高与各级政府的努力，我国在非物质文化的保护中取得了初步成效。20世纪中叶，政府组织文化工作者对部分传统文化遗产进行调查和研究，使许多濒临消亡的非物质文化遗产得到抢救。1979年，文化部、国家民委、中国文联共同发起十部《中国民族民间文艺集成志书》编撰工作。截至2004年底298部省卷已经全部完稿，并已出版240卷，近4亿字，其保存了大量的珍贵艺术资源，这项工作被海内外誉为当代文化建设的"万里长城"。

全国人大非常重视该领域的立法工作，全国人大教科文卫委员会就非物质文化遗产保护工作进行了大量调研，并会同文化部、国家文物局进行了专家讨论和国际研讨会。2002年8月，文化部向全国人大教科文卫委员会报送了民族民间文化保护法的建议书，全国人大教科文卫委员会成立起草小组，并于2003年11月形成了《中华人民共和国民族民间传统文化保护草案》。2011年制定了《中华人民共和国非物质文化遗产法》。2021年国务院办公厅印发《关于进一步加强非物质文化遗产保护工作的意见》。

与此同时，中国建立了非物质文化遗产保护名录，名录体系包括国家、省、市、县四级。今后，中国向联合国教科文组织申报的非物质文化遗产项目将从国家级名录中筛选而出。国务院先后于2006年、2008年、2011年、2014年和2021公布了五批国家级项目名录（前三批名录名称为"国家级非物质文化遗产名录"，《中华人民共和国非物质文化遗产法》实施后，第四批名录名称改为"国家级非物质文化遗产代表性项目名录"），共计1557个国家级非物质文化遗产代表性项目，按照申报地区或单位进行逐一统计，共计3610个子项。为了保护和传承不同区域或不同社区、群体持有的同一项非物质文化遗产项目，从第二批国家级项目名录开始设立了扩展项目名录。扩展项目与此前已列入国家级非物质文化遗产名录的同名项目共用一个项目编号，但项目特征、传承状况存在差异，保护单位也不同。各省相继确定了一批保护项目，不少地方政府通过制定地方政府法规，建立传承人命名活动，为传承活动和人才培养提供资助，鼓励和支持教育开展普及优秀民族民间文化活动，规定有条件的中小学将其纳入教育教学内容等，非物质文化遗产保护工作的开展卓有成效。

（三）保护非物质的文化景观的目的与意义

非物质文化遗产的定义一般认为非物质文化遗产现象中的文化空间或文化场所是非物质文化遗产活态展示的辅助物质，而非独立存在于非物质文化遗产的分类之中。在非物质文化景观的现象中，固态化的景观文化空间或文化场所是非物质文化景观现象的重要组成要素,我们也可以把这些作为非物质文化景观的辅助物质和空间场所单独系统地归类。由于在非物质文化景观的活态媒介中的人与辅助物质元素二者之间是相互依存、相互联系的关系,所以只有特定的文化环境和物质因素才能孕育出具有地方特色的非物质文化景观。[1] 非物质文化遗产以文化为中心的特性,决定了其自身具有丰富的文化内涵。文化内涵正是旅游产品所需的深层次"养分",这些"养分"可以帮助旅游业创造更大的经济价值,旅游产业可以为非物质文化遗产保护提供资金支持。

从联合国教科文组织实施申报的"代表作"计划来看,其真正的目的是抢救、保存、保护和振兴非物质文化遗产。申报是手段,保护才是真正目的。正如教科文组织在宣布人类口头和非物质遗产代表作条例中指出宣布目的在于鼓励口头和非物质遗产的优秀作品,鼓励各国政府、各非政府组织和各地方小区开展鉴别、保护和利用其口头和非物质遗产等活动。

二、非物质文化景观旅游资源的传承

非物质文化的保护与其他物质形态的保护有着很大区别。物质形态的遗产因为有固定空间、具体实物等,是看得见、摸得着的保护对象,人们可以设立保护区或建立博物馆等具体项目来储存、保护并传之后世。[2] 非物质文化因其非物质性、地域性与民族性而不具有固定的物质储存形态,它只表现和储存于非物质文化传播与继承的过程之中,即便有时非物质文化为了表达与传播的需要而外化于物质形态载体,但非物质文化的内容却不能通过保存载体而得以保护与传承。一旦传播与继承的链条中断就会造成非物质文化的失传,造成人类某些重要的文化、价值或思想永远中止或断绝。因此,保护与非物质文化的传承链成为抢救、保存、保护和振兴非物质文化的关键。

(一) 非物质文化景观的传承机制

任何文化要不断地延续下去,就必须使自身具备某种延续生命的手段或机制,这就是文化传承机制。作为非物质文化景观传承的主体——每一个处在特定文化形态中的人,随着时间的流逝都会消失,非物质文化景观就这样一代又一代地传了下来,并且越来越复杂,越来越强大。非物质文化景观是人类社会生活与文化系统的子系统,是自组织的施控信号系统,其传承机制是在一定文化模式下的传承与变异、延续与创造、交流与吸收、集体性传统与个人创造不

---

[1] 王寅寅.非物质文化景观的动态空间场景 [J].江苏第二师范学院学报,2016 (1).
[2] 廖嵘.非物质文化景观旅游规划设计理论与实践 [M].重庆:重庆大学出版社,2010:170.

断互动协调的复杂动态过程。

人类群体由于生存的生态环境、地理环境和气候因素不同，导致其所生活的社会环境与精神氛围也千差万别，从而形成差异化的文化特质。这些差异化的文化特质在漫长的历史发展过程中，根据不同的构成方式形成一些更大范围的文化体系，并显示出不同的特征。这些不同文化的构成方式及其特征即称之为"文化模式"。这种文化模式对人类非物质文化的传播心理有着很大影响。文化模式为生活于其中的人规定了行为规范和价值观念，人们长期生活在一种文化环境之中，受这种文化模式的影响和作用，个人认识必然会逐渐适应其所在群体的文化模式。遵循本民族或群体的文化与行为模式，成为人们想当然的惯性活动，人们对此习以为常，甚至最后个人的心理、性格也成了这一文化模式的组成部分。非物质文化在文化模式内被每一个成员所接受和传习，而每一个成员也都成为本民族文化模式的创造者、遵循者、传承者与维护者。因此，文化模式是非物质文化传承的内在机制，也是非物质文化的传承基础，它蕴含着人类文化信息传递的最本质特征。

在非物质文化的传承过程中，还有一个文化"接受—创造—再接受"的过程机制。作为个体的人，其在家庭、族群等群体性的社会中生活，必然要接受这一族群的文化模式，而个体也会对其所接受的非物质文化信息加以选择、加工，甚至加以创造性地发展，这种个性化的文化内容反过来又会影响族群的文化模式，为群体文化所接受或部分接受，从而影响发展群体文化模式。而外来文化的接触与输入会促进非物质文化的交流与吸收，从而形成在一定文化模式下的传承与变异、延续与创造、交流与吸收、集体性传统与个人创造不断互动协调的复杂的动态过程。

总之，非物质文化的传承一直都在满足人类社会的多种需求，其发展过程不仅容纳了人类价值观等深层次的心理与精神信息，承担了教育、传媒和为文化交流定向、定质的文化传承功能，而且也履行了对民族文化的精神价值进行收集、整理、提炼、传播以及确定对异种文化的态度、选择和融合外来文化精华、发展民族文化的重要职责。

非物质文化景观的传承与发展不仅包含了艺术、制度文化与民俗等一切人类表达内心意蕴与冲动激情的文化形式，而且在传承与发展过程中不断丰富了文化景观的艺术美感、历史知识、文学形象、诗歌意境以及哲理信仰等多种文化信息，甚至成就了经典的永恒、典籍的浩瀚以及诸神的光辉与高人的圆满证悟。只要人类社会存在，人类的非物质文化传承就会继续传送大量信息以满足人类的种种需求，并适应社会的变迁发展新形式的非物质文化传承。

（二）非物质文化景观的传承手段和形式

非物质文化景观的传承主要取决于共同文化模式下的共同心理，其传承手段主要依靠人体本身的行为、语言进行直接传播。同时，典籍在很大程度上也为非物质文化景观的衍袭起到储存与传播功能。

非物质文化景观传承的形式丰富而复杂。在远古时代，原始宗教信仰与各种生产、生活性祭祀活动成为非物质文化景观传承的主要形式。宗教人员成为当时社会的知识分子阶层，他们通天文、查地理、祭日辰、占星象，负责本民族各种知识的收集、整理、提炼、融合与传承。在漫长的农业社会里，宗教、祭祀、戏曲、礼仪、节庆等民俗活动成为广袤大地上不同地域非物质文化景观传承与交流最重要场合和最典型方式。非物质文化在上传下承的口耳师承关系中形成了代代世袭相传的血缘传承系谱和师徒扩散外传的社会传承系谱两种典型的传习体系。各种民族服饰、歌舞、民居、民间工艺以及传世史诗等极富激情、想象与浪漫气质的民间艺术丰富和拓展了非物质文化景观的传承和发展。而各民族世代相传、经久不衰的神话传说、英雄史诗也随着熊熊的祭火、悠悠的暖风秋月以及老人们指点着苍穹繁星的叙述，流入一代又一代民族新成员幼小的心田，刻下深深的痕迹。这一切均在有意无意之间进行，而非物质文化却在潜移默化中一代又一代地传承下来。

在现代文化中，教育系统、大众传播媒介、通信系统以及民族文化交流参与了非物质文化景观的移植和传承。例如，工业革命所迸发出来的巨大生命力形成一种以西方文化为基础，建立在民主、科学精神之上的强势文化，通过现代传播手段迅速扩张到世界的每一个角落。具有戏剧意义的是当这种强势文化随着全球化浪潮铺天盖地地席卷全球时，人们却越发珍惜那些居于弱势地位的传统民族文化，对传统文化模式内的儿童或成员进行非物质文化教化，使其成为本民族文化模式的创造者、遵循者、传承者与维护者，这也是抢救、保护与传承非物质文化的主要手段与形式。

第八章　国际旅游规划与开发

国际旅游已经成为我国旅游产业中非常重要的组成部分。然而，其发展还有一些不完善的地方，需要对当前快速发展的国际旅游业做出进一步研究，做好国际旅游规划与开发工作。本章从国际旅游规划与开发的内容、理论基础、项目与营销规划以及国际旅游产品的开发等几方面介绍了国际旅游规划与开发的基本知识。

第一节　国际旅游规划与开发概述

一、国际旅游规划与开发的概念辨析

（一）旅游规划与开发

目前，国内外学者对旅游规划作了大量定义。造成这些定义差别的主要原因是其出发点和侧重点各不相同。例如，强调旅游规划内容的定义提出旅游规划是预测与调节系统内的变化以促进有序开发，从而扩大开发过程的社会、经济与环境效益；有的强调旅游规划的技术方法，指出旅游规划是经过一系列选择决定适合未来行动的动态的、反馈的过程；还有的是强调旅游规划的性质，指出旅游规划是旅游未来状态的设想，或是发展旅游事业的长远、全面的计划，指出旅游规划是旅游资源优化配置与旅游系统合理发展的结构性筹划过程；有的则强调旅游规划的目的，提出旅游规划是在调查研究与评价的基础上来寻求旅游业对人类福利和环境质量的最优贡献过程。

综上所述，结合我国实际以及关于旅游规划定义中的合理成分，可以将旅游规划定义为是对某一区域内未来旅游系统的发展目标和实现方式的整体部署

过程。旅游规划在得到政府相关部门的批准后，是该区域进行旅游开发、建设的依据。[1]

(二) 国际旅游规划与开发

国际旅游规划与旅游规划有所不同。旅游规划是预测与调整旅游系统内的变化，以促进有序开发，从而扩大旅游开发所产生的社会、经济与环境效益。它是一个连续的操作过程，为达到某一目标或平衡几个目标。盖茨（Getz）将旅游规划界定为：在调查研究与评价的基础上寻求旅游业对人类福利及环境质量的最优贡献的过程。我国学者则认为，旅游规划是指在旅游系统发展现状调查评价的基础上，结合社会、经济和文化的发展趋势以及旅游系统发展规律，以优化总体布局、完善功能结构、推进旅游系统与社会的和谐发展为目的的战略设计和实施的动态过程。也是指对旅游业及相关行业未来发展的设想和规划，其目标是尽可能合理有效地分配与利用一切旅游资源以及旅游接待能力、交通运输能力、社会向旅游业提供的人力、物力和财力，使旅游者完美地实现旅游目的，从而获得发展旅游业的经济效益、社会效益和环境效益。

国际旅游开发在不同时期所涵盖的内容不同，其概念也不同。旅游开发是指为发挥、提高和改善旅游资源对游客的吸引力，使得潜在的旅游资源优势转化为现实的经济优势，并使旅游活动得以实现的技术经济活动，其目标和内容包括重点旅游景点的建设、旅游地的交通安排、旅游地旅游辅助设施的建设及旅游市场的开拓。

二、国际旅游规划与开发的发展趋势

国际旅游规划与开发的发展趋势主要表现为全球化与区域化并存、政府引领与市场主导相结合、旅游产业的多元化与融合化、规划开发的系统性与创新性。

(一) 全球化与区域化并存

1. 全球化趋势

随着世界经济的发展和各国旅游业的快速膨胀，全球范围内的旅游活动日渐频繁，旅游市场不断开拓，游客市场的发展空间迅速扩大，绝大多数国家的旅游市场交叉结合融为巨大的世界旅游市场。各国人民整体收入水平不断提

---

[1] 马勇, 王鹏飞, 韩洁, 刘军, 姜楠, 杨缦卿. 旅游规划与开发 [M]. 武汉: 华中科技大学出版社, 2019: 5.

升，低收入人群能逐步达到小康水平，中产阶层人群将逐步成为主体，富有阶层人群数量将明显增多，绝大多数的人都有足够的经济实力和闲暇时间外出旅游。旅游成为人们生活的必需品，游客及旅游市场趋向全球化

由于不同收入人群的不同需求和个性化旅游消费意识的增强，世界旅游市场结构开始呈现多样化的趋势。传统观光游玩的旅游形式逐渐被多样化的旅游方式所取代，娱乐型、观光型、疗养型和商务型等旅游方式已不能满足人们"自我爱好""自由娱乐""情感展示"的要求，各种内容丰富、新颖独特的旅游方式和旅游项目应运而生，如探险旅游（徒步、登山、漂流）、健身、观鸟、摄影、探求文化和精神根基的知识性旅游等新兴旅游与传统旅游竞争、交叉，国际旅游市场个性化、多样化特点显著。由于游客不同的需求和选择，旅游企业从消费市场转向要素市场，跨国发展形势日趋多元，开始在全球旅游市场上开展竞争，促使区域旅游市场竞争日益全球化。

2. 区域化趋势

旅游业实行区域化发展要先优化经济发展空间格局，培育区域经济新的增长点，全面提高资源配置效率。旅游区域化趋势将充分发挥旅游业综合带动效应、联动辐射效应以及先导先行作用，满足国家区域战略需求，特别对推进目前京津冀协同发展战略、长江经济带国家战略，以及中国主导"一带一路"建设有巨大影响力。区域旅游的发展需要在一定条件下进行，如城市群的崛起会产生旅游消费的空间集聚和全面释放，在环城游憩带基础上，城市群的重要生态功能单元以及地域文化单位将成为城市群重要的休闲度假基地，并形成区域性产业集聚，推进区域性生态、生产和生活空间的空间重构。

随着城市化进程和城市群崛起，区域旅游取得迅速发展，从传统精品景区"点"的吸引转变为区域性旅游目的地（大山、大水、大城市、大乡村）旅游经济"面"的集聚。而随着交通和互联网的发展，航空、高铁、自驾等串联起既有城市和旅游目的地，使得区域旅游由"点"到"线"再到"点""线""面"交织的网络化格局转变，这种格局将进一步放大和提升旅游业的带动和辐射效应，并为中西部许多具有旅游潜力的自然和人文环境地区带来新的发展机会。目前，推动区域旅游业全面发展、对接发展、融合发展和一体化发展，进而使旅游业发展获得持久动力，这已成为区域旅游业发展最重要的战略导向。

（二）政府引领与市场主导相结合

在大数据时代，旅游产品要往多样化、层次化、网络化方向发展，结合目前商业智慧营销模式、商业数字化运营系统、OTO 商业模式，创建多元化的

销售平台。线上线下同时发展，为国际客源市场提供多条购买渠道。例如中国旅游景区与淘宝、支付宝、携程网等国内互联网企业合作，加强旅游产品市场的网络构建和宣传促销，为旅游目的地提供大量稳定的客源。旅游产品的市场化开发要适应市场需求，增加商品设计特色，提升创新工艺，采用先进国际理念指导产品开发，同时创新自身产品概念，做到引导市场需求，强化市场管理，创造良好的购物环境。

我国现在所延续的政府占主导型的旅游业发展形式在我国开始发展旅游业时曾经有很好的推动作用。但是，随着旅游业的繁荣发展和人们可支配收入的提高，游客对于旅游产品的多样性需求有所差别，这就要求旅游业要全面提升才能满足游客的各种需要。政府应当制定和补充旅游法律政策，使当地管理旅游的政府机构对旅游业的管理实现有法可依，进行旅游地软硬件的建设，努力以游客为中心，以旅游市场为主导，走由政府引导、企业市场化运作、以市场为配置资源的决定性因素的道路，开启旅游目的地智慧开发建设运营新篇章。

（三）旅游产业的多元化与融合化

1. 旅游产业的多元化

多元化趋势表现在旅游规划编制组成员、技术方法和手段的多元化方面。旅游消费规模的迅速扩大必然要求旅游产品加速开发。所以在世界范围内，那些具有良好发展条件的国家和地区，必将成为旅游业新的增长极，旅游空间布局将呈现多极化趋势。由于区域合作、资源整合和客源市场共享能给区域旅游发展带来极大的效益，所以国家之间开展旅游合作，推动产业一体化、市场一体化、交通一体化、形态一体化，这是新的经济经济增长方式，促使人流、物流、资金流、信息流等要素的有机融合。建立互利互惠的无障碍区域旅游协作区，将成为世界旅游业发展的必然趋势。

2. 旅游产业的融合化

产业融合能够改变旅游业传统的增长机制与方式，实现旅游业跳跃式的发展和创新。在融合发展过程中，旅游业和相关产业相互渗透，融合发展，不断创造出新的旅游产品和旅游业态。这些旅游新产品、新业态及由其引致的新需求在内涵和外延两方面丰富了旅游产业集群的内容，培育和提升了旅游产业集群的核心竞争力。产业融合和产业集群意味着旅游经营企业上下游整合、兼并重组、做大做强，并引起新产品、新业态出现。产业集群是旅游产业融合发展的重要基础。相关企业集中在旅游产业集群的特定地域范围内，集群内强化的竞争合作机制将进一步增强相关企业融合发展的压力和动力。基于产业集群的旅游业融合会放大或加速市场竞争中生产要素的创造力，提升要素配置效率。

在自增强机制的作用下，旅游产业的集群化和融合发展是旅游业与相关产业在共生环境中竞争合作关系的结果体现，是旅游业转型升级、不断提升竞争优势的必然。

(四) 规划开发的系统性与创新性

1. 规划开发的系统性

旅游规划不是一项独立的工作，它与旅游开发地的社会发展状况、经济发展条件等各方面有着千丝万缕的联系，如旅游区各利益相关者之间的关系等。任何一个方面的关系处理不当都将不利于旅游规划的制定。所以，旅游规划今后要以系统化的观点进行编制，规划编制每个过程和各个部分之间进行有机协调和控制，共同完成特定目标。

2. 规划开发的创新性

随着旅游活动规模的扩张与质量的提高，国际旅游规划更加注重增进与旅游相关的个人权利和幸福，促进社会的开放、民主、繁荣，旅游规划要掌握人文关怀的原则和以人为本的创新思维理念。在全球化背景下，应及时调整旅游政策目标，应当将使本国公民在国际旅行与旅游活动中得到公正、优惠的待遇为目标。各国之间出境旅游活动实现便利和公正，在活动形式或者组织形式等各方面尽力消除不平等造成的权利限制。

各国旅游负责部门应加强对外合作，通过谈判订立公平的协议，保障出境旅游者得到应有尊重和公平待遇。从人文关怀的角度来看，需要设施齐备、功能完善；布局规模适宜、位置合理、方便游客、易达性佳；服务上无微不至、可设身处地满足游客实际需求；形象上标志性强、与环境协调并具备美感。

规划项目内容的创新为旅游地的永续发展和竞争力提升提供支撑。例如，旅游与城镇化融合导向规划创新模式、"反规划"导向规划创新模式、文化创意导向规划创新模式等开发创造对旅游产业产品的创造有一定借鉴意义。旅游与城镇化融和导向规划创新模式是以主要以城（市）镇化理论为基础，主要研究旅游与城镇化的关系，旅游与城镇化融合，社区、政府等相关利益群体同旅游产业的协调等。反规划导向模式是以景观生态学及可持续发展理论为基础，将可持续发展思想应用在规划之中，借由景观生态设计等现代规划技术，最终达到"天人合一"的理想境界。文化创意导向规划模式以文化创意和创新理论为理论基础，将文化创意作为旅游规划发展的核心思想。

规划方法技术创新如5G技术，基于IP协议的高蜂窝移动网络能够为规划产品开发创新提供技术支持，推动设计创新的智能化、快速化、精确化。创新性是核心竞争力的一个核心指标，只有不断在旅游规划内容和所使用的技术上进行突破，其编制的规划成果才能具备较强的竞争力。

地理信息系统（GIS）可为旅游地的开发和管理提供相关信息、构造求知型和互动型导游系统。借助其空间数据检索功能，为管理和决策人员掌握旅游资源空间分配、实时动态变化、最佳路线设计以及最佳景点组合方案提供科学的依据全球定位系统（GPS）可以快速获取地面的高程，制作成 DEM（数字高程模型），将 DEM 和遥感影像数据叠加可制作三维景观数据，更直观生动地体现旅游资源的特征，同时可以利用 GPS 的定位导航功能开展自驾游、徒步游等活动遥感技术（Remote Sense）可用于探查旅游资源（植被、水体、土地、山地）、提供制图基础（作为规划图的底图）、动态规划管理（用于旅游规划与开发的动态反馈和修正）。

除此之外，虚拟现实技术、信息网络技术、系统动力学的研究技术以及世界四大定位系统（中国的北斗系统、欧盟的伽利略、俄国的格洛纳斯和美国的 GPS）等在旅游业的运用也十分广泛。当今世界，旅游信息网络化已经是大势所趋，网络旅游在世界范围内兴起，技术类新开发的信息通信技术在旅游旅行业的应用具有极大潜力。旅游业作为当今最具发展潜力的产业，在经济和技术推动下高速发展，新技术的发展与使用是国际旅游业腾飞的关键。

第二节　国际旅游规划与开发的理论基础

一、旅游区位论

（一）区位论的内涵

区位的主要含义是人类行为活动占有的场所，具有位置、布局、分布、位置关系等方面的意义，并有被设计的内涵，其包括两层意义的理解：①人类活动的空间选择；②空间内人类活动的有机组合。区位论，也称区位经济学、地理区位论，是说明和探讨地理空间对各种经济活动分布区位影响和研究生产力空间组织的一种学说，或者说是关于人类活动空间分布和空间组织优化的理论，尤其突出表现在经济活动中。

区位可以分为绝对区位和相对区位。绝对区位指由经纬度构成的位置，即自然地理位置。相对区位是指相对于其他位置来说的限定位置，即交通地理位置和经济地理位置。相对区位比绝对区位重要，其作用和意义主要表现在四个方面：①某种具有优势的区位可以促成良好的地域分工和发展；②一个地区的发展潜力很大程度上依赖于相对区位，而不仅仅是自然条件；③区位也会随时间推移而发生变化；④某一活动在某一区位的发展可以带动周围区位相关活动的发展，即乘数效应。

（二）旅游区位论

旅游的本质属性是文化属性，文化属性是旅游者需求（偏好）多样性的内在原因。旅游业的本质属性是经济性，经济性来源于旅游资源价值的置换。旅游资源内涵丰富，从理论上具有遍在性特点，但旅游资源开发具有选择性，因此，旅游区位应有两个层次，即宏观层次与微观层次。宏观层次是要明确旅游业发展所凭借的物质基础—旅游资源开发的优先顺序或梯级。微观层次是为了有效利用、置换旅游资源价值、满足旅游者需求而在旅游交通、旅游饭店、旅行社、旅游商店等旅游设施和旅游服务方面的区位选择。

旅游区位的定义为旅游景区（点）与其客源地相互作用中的相关位置、可达性及相对意义，可以划分为客源区位、资源区位、交通区位和认知区位四种。旅游区位研究虽已引起国内旅游学者的关注，但旅游区位研究的理论较为薄弱，因此目前应加强旅游区位理论研究。

旅游产品生产与消费的同时性特点决定了旅游消费的"推—拉"效应，即旅游者消费行为（空间行为）与旅游地的市场域之间的竞争、适应关系以及不同旅游地的等级、规模与类型等差异性与相似性决定的旅游地"空间竞争"关系，是旅游区位研究的基础与特色。

二、旅游系统理论

（一）系统论的原理

1. 系统论的内涵

一般系统论把系统定义为相互联系相互制约的若干组成部分所构成的具有某种功能的有机整体。构成整体的各个局部称为子系统，子系统由更低一级的子系统构成，而构成子系统的最低级、最基础的称为要素。这个定义包含了系统、要素、结构、功能4个概念，表明了要素与要素、要素与系统、系统与环境三方面的关系。

2. 系统论的基本规律

系统论的基本规律是关于系统存在基本状态和演化发展趋势的稳定普遍联系和关系，是一种比系统论原理具有更大普遍性的一般性把握。系统论的基本规律有 5 个，分别是结构功能相关律、信息反馈律、竞争协同律、涨落有序律、优化演化律。

（二）系统论在旅游规划与开发中的应用

旅游系统规划指以旅游系统为规划对象，在对旅游目的地和客源市场供需关系以及与关系有紧密联系的支持系统和出游系统诸因子的调查研究与评价基础上，制定出全面的、高适应性的、可操作性的旅游发展战略及其细则，以实现旅游系统的良性运转，达到整体最佳且可持续的经济、社会与环境效益，并通过一系列的动态监控与反馈调整机制来保证该目标顺利实现的系统规划。[①]简单来说，旅游规划就是把旅游系统的客源市场系统、目的地系统、出游系统和支持系统分别进行规划和描述，但是又不能忽略它们之间相互影响的关系。旅游系统规划的基本思想是：以客源市场为导向，以旅游目的地系统规划为主体，以出游系统为媒介，以支持系统为保障，利用反馈系统来监控。

旅游的系统性表现为功能的系统性和结构的系统性。从功能上看，一般认为，旅游系统分为 3 个子系统：旅游主体子系统、旅游客体子系统、旅游媒介子系统。此外，还可以从供给和需求角度看待旅游系统。乡村旅游系统可分为供需子系统、媒介子系统和支持子系统。因此，旅游系统在子系统的划分上有值得深入研究的地方。

三、增长极理论

（一）增长极理论的内涵

增长极理论也被称为增长极效应，通常指代一种产业/部门在自身增长的同时带动周边其他经济单元实现增长。[②]增长极理论从物理学的增长极的内容"磁极"概念引申而来，认为受力场的经济空间中存在着若干中心或极，产生类似"磁极"作用的各种离心力和向心力，每一个中心的吸引力和排斥力都产生相互交汇成一定范围的"场"。这个增长极可以是部门的，也可以是区域的。该理论主要观点是，区域经济发展主要依靠条件较好的少数地区和少数产业带动，应把少数区位条件好的地区和少数条件好的产业培育成经济增长极。

[①] 王东健. 基于旅游系统理论的旅游规划——以陈家沟太极拳文化旅游为例 [J]. 商丘职业技术学院学报，2020（4）.

[②] 黄荔桐，胡安安. 增长极理论视阈下的文化旅游资源开发模式探究 [J]. 当代旅游，2021（14）.

增长极理论的基本点包括：①其地理空间表现为一定规模的城市；②必须存在推进性的主导工业部门和不断扩大的工业综合体；③具有扩散和回流效应。

增长极体系有三个层面：先导产业增长、产业综合体与增长、增长极的增长与国民经济的增长。在此理论框架下，经济增长被认为是一个由点到面、由局部到整体依次递进、有机联系的系统。其物质载体或表现形式包括各类别城镇、产业、部门、新工业园区、经济协作区等。

（二）增长极理论在旅游规划与开发中的应用

增长极是一个国家或地区经济增长最快、具有带动作用的地区或城市。旅游产业增长极是以旅游产业为主体带动整个地区的经济增长。区域内旅游增长极的确立有多种方式，如通过行政手段，直接选定某些地区作为增长极；或通过市场方式（如利用资本市场）培育增长极；再就是依据发展特色，培育旅游经济发展的中心，实现产业集聚、人才集聚、资本集聚、信息集聚、技术集聚的城市化发展战略，通过生产力的合理布局和区域经济资源的合理配置，最终实现城市群落与区域旅游增长极的发展。

四、可持续发展理论和可持续旅游

（一）可持续旅游的思想体系

1. 可持续发展的原则

可持续发展的原则有7个，分别是：公平性原则、可持续性原则、共同性原则、和谐性原则、需求性原则、高效性原则和阶跃性原则。

（1）公平性原则，指机会选择的平等性，具有三方面的含义。一是指代际公平性；二是指同代人之间的横向公平性，可持续发展不仅要实现当代人与人之间的公平，而且也要实现当代人与未来各代人之间的公平；三是指人与自然、与其他生物之间的公平性。这是与传统发展的根本区别之一。

（2）可持续性原则：指生态系统受到某种干扰时能保持其生产率的能力。资源的持续利用和生态系统可持续性的保持是人类社会能实现可持续发展的首要条件。可持续发展要求人们根据可持续性的条件调整自己的生活方式，在生态可能的范围内确定自己的消耗标准。

（3）共同性原则：可持续发展是超越文化与历史的障碍来看待全球问题。它所讨论的问题关系到全人类的发展，所要达到的目标是全人类的共同目标。各国虽然国情不同、可持续发展的模式不同，但公平性和可持续性原则是共同的，各个国家要实现可持续发展都需要适当调整国内和国际政策。

（4）和谐性原则：可持续发展的战略就是要促进人类之间及人类与自然之间的和谐，使人类与自然之间能保持互惠共生的关系，实现可持续发展。

（5）需求性原则：人类需求是由社会和文化条件所确定的，是主观因素和客观因素相互作用、共同决定的结果，与人的价值观和动机有关。可持续发展立足于人的需求，重视人的需求，满足所有人的基本需求，向所有人提供实现美好生活愿望的机会。

（6）高效性原则：高效性原则不仅要根据经济生产率来衡量，更重要的是根据人们基本需求得到满足的程度来衡量，实现人类整体发展。

（7）阶跃性原则：随着时间的推移和社会的不断发展，人类的需求内容和层次将不断增加和提高，所以可持续发展本身隐含着不断从较低层次向较高层次的阶跃性过程。

2. 可持续旅游发展的目标

可持续旅游发展目标包括社会目标、经济目标和环境目标。

（1）社会目标：保护地方文化遗产，增强当地人的文化自豪感，为不同地区和文化的人提供理解和交流机会；向旅游者提供高质量的旅游产品。

（2）经济目标：增加就业、扩大产品市场、增加经济收入，改善地方基础设施条件，提高地区的生活质量。

（3）环境目标：改进土地利用方式，从消耗性利用转为建设性利用；改善生态环境；加强公众的环境和文化意识，促进对环境和文化的保护；保护未来旅游产品开发赖以生存的生态和文化环境质量。

（二）可持续发展理论在旅游规划与开发中的应用

1995年4月，联合国教科文组织、环境规划署和世界旅游组织等联合在西班牙加那利群岛召开"可持续旅游发展世界会议"，通过了《可持续旅游发展宪章》和《可持续旅游发展行动计划》两个纲领性文件，明确了可持续旅游发展的含义：在保持和增强未来发展机会的同时，满足旅游者和旅游地居民当前的需要，在保持文化完整性、基本的生态过程、生物多样性和生命维持系统的同时，满足社会经济发展和美学的需要。同时，世界野生动物基金会（WWF）在其发表的《绿色地平线之外》中提出"可持续旅游十大准则"：①可持续利用资源；②减少过度消费和废物；③保持生物多样性；④将旅游纳入综合规划；⑤支持当地经济；⑥鼓励当地社区参与；⑦征求利益主体和公众意见；⑧人员培训；⑨负责地进行旅游营销；⑩加强研究。

根据可持续发展理论，旅游规划要遵循三个基本原则：生态可持续性，旅游发展要与基本生态过程、生物多样性、生物资源的维护协调一致；社会和文化的可持续性，维护和增强社区个性，使旅游发展与社区文化、价值观相协调；经济的可持续性，在为后代留足发展空间的前提下，实现资源的有效利用和经济的持续性增长。

第三节　国际旅游项目与营销规划

一、国际旅游项目规划概述

(一) 项目规划一般原则

国际旅游项目规划是指以吸引国际游客为目的开展的旅游项目包装与规划。由此，国际旅游项目规划应遵循以下原则。

第一，突出特色原则。特色是旅游开发的灵魂，是旅游产品生命力的体现，没有特色就没有效益，因此旅游项目规划要突出自己的特色。没有特色难以形成强大的旅游吸引力，没有特色就不能激发人们的旅游动机。多一份特色就多一份竞争力，从一定程度来讲，有特色的国际旅游产品才能有长久的生命力和活力。

第二，以国际旅游市场为导向原则。旅游业是经济产业，在市场经济的大环境下，要以国际旅游市场为导向，必须考虑国际旅游市场的需求和竞争力，把国际旅游市场的需求和供给情况作为旅游项目规划与决策的基础。一切要按照国际旅游市场来进行项目设置，同时还要根据旅游资源的冷热原则，预测未来国际旅游市场的发展趋势，以对旅游项目做出合理的实施开发序列。

第三，丰富文化与内涵原则。21世纪是知识的时代，对于国际旅游而言，随着游客知识层次的提高，其对旅游项目的文化内涵也提出了新的要求，这就要求旅游景点具有一定的知识性、科学性，旅游区力求做到科学性、知识性与可观赏性的统一，使游客在游览观光的同时，能够得到知识的陶冶和精神的享受。

第四，系统协调原则。旅游服务是系统工程，要把整个旅游服务看作一个大的系统。在开发建设中，大小系统应综合平衡、相互协调。要想达到吸引力与接待力的统一，就需要旅游资源的开发建设与旅游服务设施，交通设施及基础结构（水、电等）等方面实现平衡。在行、游、住、食、购、娱六个方面的服务上，要全面考虑各种设施系统配套，形成综合接待能力，使旅游者以最少的时间和费用看最多的景点,力求使其舒适、方便、安全。

第五,可持续发展原则。国际旅游产品同一般的旅游产品一样,在开发时应贯彻可持续发展的理念,应把保护旅游资源及生态环境视为战略问题加以对待,它不仅关系到旅游区的命运,而且直接关系到人类未来的生存环境。因此要求在开发过程中把保护自然资源放在首位,永续利用旅游资源。

值得强调的是,国际旅游项目规划的协调性原则主要表现在宏观和微观两个层面。宏观上的协调主要指与周围大环境的协调;微观上的协调包括景区之间的协调、植被绿化与景点内容的协调、建筑物相互之间的协调、建筑设施与整体自然景观的协调、服务设施与旅游区主题的协调等。

(二) 项目规划方法

根据以上原则,国际旅游项目规划的方法有如下几种。

(1) 头脑风暴法。又称集体思考法或智力激励法,1939年由奥斯本提出,其在1953年将此方法丰富和理论化。所谓的头脑风暴法,是指采用会议的形式向专家集中征询他们对某问题的看法。规划者将与会专家对该问题的分析和意见有条理地组织起来,从而得到统一的结论,并在此基础上进行项目规划。使用这种规划方法时,规划人要充分说明规划的主题,提供充足的相关信息,创造一个自由的空间,让各位专家充分表达自己的想法。头脑风暴法的优点在于能够获取广泛的信息、创意,互相启发、集思广益,在大脑中掀起思考的风暴,从而启发规划人的思维,获得优秀的规划方案。其不足之处就是邀请的专家人数受到一定的限制,如果挑选不恰当,容易导致规划的失败。另外,由于受到某些专家的地位及名誉的影响,导致有些专家不敢或不愿当众说出与其他人相异的观点。

(2) 德尔菲法。这种方法在20世纪60年代由美国兰德公司首创和使用。德尔菲法采用函询或电话、网络的方式,反复咨询专家,然后由规划人做出统计。当所获得的结果具有较大差异时,由组织者将所获专家意见进行整理总结,再将总结后的观点向上述专家进行第二轮征询,直至得出比较统一的结论。这种规划方法的优点是:专家们互不见面,不会产生权威压力。因此,该方法可以让专家自由充分地发表自己的意见,从而得出比较客观的规划方案。但由于这种方法缺乏客观标准,全凭专家的主观判断,且征询的次数往往较多,反馈时间长,因此会影响项目规划的准确性。

(3) 灰色系统法。系统是指相互依赖的两个或两个以上要素所构成的具有特定功能的有机整体。系统可以根据其信息的清晰程度,分为白色、黑色和灰色系统。白色系统是指信息完全清晰可见的系统;黑色系统是指信息全部未知的系统；灰色系统是介于白色和黑色系统之间的系统，即有一部分信息已知而另一部分信息未知的系统。灰色系统法是指利用一些已知的行为结果，来推断该行为产生的原因或未来模糊的不确定性行为的方法。使用该方法进行旅游项目规划主要是通过现有旅游者的行为模式，推导出未来可能拥有客源市场并获得成功的旅游项目形式。

（4）经验分析法。该项方法主要依据对旅游资源和市场的认识。首先，规划组根据当地旅游资源状况，提出每种旅游资源能够开发成何种功能的旅游项目，把所有这些项目列举出来，并对其进行功能定义和整理；然后，规划组根据对市场的认识，分析出旅游市场状况可能会在某个项目出现制约因素，或者在一定时期内会有的制约以及市场价值存在的问题；最后，根据市场价值和实施的可能排列出各个项目的重要程度。

（三）国际旅游项目规划特殊性

随着国际旅游业的发展，文化与内涵丰富的旅游项目始终具有广泛的旅游市场，其内容、范围及形式始终在不断发展变化。如南美洲的"玛雅文化旅游区"、美国夏威夷的"波利尼亚文化中心"、中国昆明的"云南民族村"等，已成为国际旅游者了解和认识不同国家或地区民族文化的重要"窗口"，充分证明"核心竞争力"就是特殊的文化内涵。在体验经济方兴未艾的背景下，文化与内涵是提升国际旅游项目品位、使旅游项目具有持久生命力的关键。

国际旅游项目规划针对生活在共同地域，拥有共同的语言和文化心理素质的消费群体，以特定的方式和内容进行，具有鲜明的民族个性和文化土壤。国际旅游项目规划所面对的旅游者都是在其他特定文化环境中成长和生活的，这种背景文化将在语言形式、思维习惯和价值观念三个层面上构造旅游者文化性格的不同，进而影响旅游者的旅游需求、旅游习惯、旅游审美感受和价值判断。这一庞大且无所不在的观念系统和价值系统所锻造出来的每一个旅游者，都将打上文化的烙印，以至于每一种欲望形式和消费冲动的背后，都可以寻找出深藏着的文化基因。欲望本身可以是物质的，但欲望的实现形式永远是文化的，国际旅游项目规划必须善于发掘和引导欲望背后的文化动机。要规划对国际旅游者有吸引力，具有个性特色、生命力持久的旅游项目，这取决于对资源特色的文化挖掘。规划过程必须依附某种文化，并且用某种文化为"红线"串联起来使之具有明确的文化主题，浓厚的文化色彩使旅游者情不自禁地陶冶在文化氛围之中，接受文化教育。

国际旅游项目规划要适应国际旅游项目发展趋势，现代旅游项目规划应注重突出项目的知识性与趣味性，强调科普教育和亲身体验，提高旅游项目的参与性成分,满足游客求知、求乐、求奇、求异的旅游需求。国际旅游项目规划要强调地方、民族、时代特征,切忌雷同,要别出心裁、勇于创新,充分发挥自己的优势,标民族之新,立地方之异,与时代并进。

(四) 新兴国际旅游项目

以体育旅游、科考旅游、社会旅游、志愿者旅游、创意旅游等为代表的新兴旅游方式的兴起,表明旅游者的旅行素养与追求层次不断提升。从最初的观赏、大众旅游逐渐转向体验旅游,从"走马观花"的被动旅游方式逐渐转向参与性、创造性的旅游活动。体验、参与和创造逐渐成为普遍意义的旅游趋势。以体育资源为基础开展的旅游活动,包括高尔夫、滑雪、赛事、漂流、攀岩、探险等,使旅游者在参与体育旅游过程中既获得健康体验也收获了积极向上的健康心态,促进了身心全面发展。

随着社会经济的不断发展,人们的旅游需求也越来越高,单纯的自然观光旅游已经很难满足部分游客的需求,他们更多希望探索自然的奥秘,科考旅游开始走入大众视野。科考旅游的地点一般都是自然条件优越或是普通人难以到达的地方,如南北极和喜马拉雅山脉。

志愿者旅游起源于英国,后来扩展到欧美等发达地区,也扩展到了国内。志愿者旅游是一种集可持续旅游、生态旅游、利他性旅游于一体的旅游形式,旅游者自愿以一种有组织的方式参与度假,并在此过程中援助或者减轻社会中一部分群体的物质贫困,保护社会环境。其动因主要分为两种:以期待挑战、了解当地居民及体验原住地文化生活为特征的拉动因素;以逃离日常生活、寻找新的生活方式以及自我发现、寻求自信为特征的推动因素。

创意旅游是旅游者在游览过程中通过积极参与目的地文化传统的学习,激发自身创意潜能,进一步体验旅游目的地文化氛围的旅游形式。现代旅游者对旅游服务供应商的依赖程度降低,开始寻找一种新的、独特的、有意义的、学习旅行体验。创意旅游更加注重游客的参与性、开发游客自身潜能、激发创意思维。发展创意旅游要解决文化连续复制和开发新的旅游产品二者之间的矛盾,鼓励和培养"创意",超越"传统的旅游空间",构建"特别的旅游空间"。

在中国,海南国际旅游岛的设立是国际旅游方面的重大举措。2010年,海南国际旅游岛建设上升为国家战略。海南国际旅游岛初步定位为我国旅游业改革创新的试验区、世界一流的海岛休闲度假旅游目的地、全国生态文明建设示范区、国际经济合作和文化交流的重要平台、海南资源开发和服务基地、国家热带现代农业基地。2020年初步建成国际旅游岛。近年来,海南一系列重大配套及活动顺利落地,并渐成规模,包括环岛高铁、文昌航天发射中心、三亚免税店、美兰机场免税店、环海南岛公路自行车赛、海南岛欢乐节、海南三月三等。海南国际旅游岛目前已经是一个初具规模的旅游综合体，在未来势必会吸引越来越多的国际游客。

二、国际旅游项目营销规划

（一）线上线下结合，全方位打造旅游形象

伴随互联网技术的迅猛发展，旅游业要尽快改变传统的单一营销模式，把旅游营销与"体验经济""互联网+"等结合起来，全面整合线上线下营销模式，扩大营销覆盖面，打造全新旅游形象。[1] 如在线下利用航空、高速公路、高铁等交通工具，积极拓展省外旅游市场，在线上利用各种平台建立立体化网络营销体系等。通过对线上线下营销的有效整合，不断创新旅游营销模式，吸引更多游客参加，为国际旅游项目发展营造良好环境。

（二）利用"旅游+"的机遇实施跨界营销

在发展国际旅游项目时，可以充分借助"旅游+"发展机遇，将旅游产业与其他产业有机结合起来，推动全域旅游资源实现跨界整合，不断拓展全域旅游发展空间。如通过"旅游+文化""旅游+互联网""旅游+生态"等营销模式，实现旅游资源与其他资源的跨界整合，推动国际旅游项目持续健康发展。[2]

（三）在政府主导下健全全域旅游产品营销体系

国际旅游项目建设是一项非常大的工程，单靠个人或企业很难完成。在进行全域旅游建设规划中，必须明确政府的主导作用，使之与市场营销形成合力。在政府主导下建立区域内国际旅游项目营销体系，积极吸引相关企业主动加入，创造一个能够支撑全域旅游发展的营销共同体。

第四节　国际旅游产品的开发

---

[1] 王帅辉，耿松涛. 全域旅游营销策略与品牌策略规划［J］. 价格月刊，2018（3）.
[2] 罗英. 旅游品牌的营销策略研究［J］. 赤峰学院学报（自然科学版），2016（18）.

一、国际旅游产品概述

(一) 国际旅游产品的概念

旅游产品是旅游规划与开发的核心,是一切旅游经营活动的主体。从旅游的经济效益、社会效益、生态效益所组成的效益体系而言,对于旅游产品的研究必然成为旅游研究体系中最重要的部分。由于旅游业是一个复杂的概念,不同学科或学者对旅游产品的考察角度不同,因此对它存在着不同的理解和认识。

国际旅游是基于旅游客源地标准而划分的旅游类型之一,是指跨越国境的旅游行为及其现象。一般说来,国际旅游包括入境旅游和出境旅游两大类。但是,对其具体界定又因各国国情的不同而有所差异。为吸引国际游客所提供的旅游产品,统一称之为国际旅游产品。因此,国际旅游产品的定义是:由旅游经营者提供以满足国际旅游者在旅游活动中所消费的全部物质产品和服务的总和。

(二) 国际旅游产品特征

国际旅游产品作为一种兼有物质产品和服务产品消费,并具有国际性的特殊产品,既不同于一般工农业生产的纯物质产品,也不同于一般服务行业所提供的服务性产品,其特殊性在于它具有实物和象征两种形态,即旅游产品是一个与外观形象相联系的实物和服务集合体,它能够满足购买者的需要和愿望。旅游资源转化为旅游产品要经过一个较为漫长的过程。在这以过程中,要经历几个必不可少的环节,即规划—项目可行性论证—建设—营销。特别是基础设施建设和项目建设的周期较长,在此之前还得涉及土地使用权转让、融资、招商等复杂程序。[①]

旅游产品的特性也适用于国际旅游产品。在当前已经出版的旅游书籍中,旅游产品的无形性、生产与消费的同时性、不可转移性、不可贮存性、易波动性等几个特点出现的频率最高,在学者中的认可度较高。此外,有学者认为由于旅游消费决策往往包括多种旅游产品的组合,因此旅游目的地的旅游产品之间会形成联系,各种旅游产品产生较强的依赖性,所以依赖性也是旅游产品的特点之一。此外,国际旅游产品也具有其区别于笼统的旅游产品特征的特殊特征。

---

① 杨振之. 旅游资源开发与规划 [M]. 成都:四川大学出版社,2002:44.

(三) 国际旅游产品构成

为了旅游规划的需要，学者们对旅游产品的结构和构成要素进行了深入分析，并认为供给者可以归纳为五个主要组成部分，即吸引物、服务、交通、信息、促销习惯通常按国际旅游产品的内涵将其划分为旅游资源、旅游设施、旅游服务、旅游便捷性和附加利益等几个方面。

旅游资源作为旅游产品的重要组成部分，其本质在于具有吸引旅游者的功能。由于国际旅游产品的消费对象主要是国际旅游者，因此并非有了旅游资源就能形成国际旅游产品，关键在于旅游资源的品位、特色和价值是否具有国际吸引力，是否能通过开发而吸引一定的国际旅游者。因此，目的地国家或地区必须根据旅游资源的不同品位和特点，开发组合各种具有特色的旅游产品，以满足国际旅游者多方面的旅游需求，吸引更多的国际旅游者。

旅游设施是实现旅游活动而必须具备的各种设施、设备和相关的物质条件，也是构成旅游产品的必备要素。旅游设施一般分为专门设施和基础设施两大类。旅游设施在国际旅游中十分重要，其不仅直接为国际旅游者提供各种物质产品和服务，而且是吸引国际旅游者的重要因素；尤其是基础设施的状况和水平，直接影响到国际旅游的通达性和便捷性，是发展国际旅游业必不可少的基础条件，也是各种旅游专门设施功能有效发挥的前提。

旅游服务是旅游产品的核心，旅游经营者除了向旅游者提供餐饮和旅游商品等少量有形物质产品外，还需大量提供各种各样的住宿接待、游览导游等服务。在国际旅游中，由于大多数国际旅游者来自经济发达国家，其经济收入、生活质量较高，对于旅游服务的水平和质量要求也较高。因此，作为国际旅游产品核心内容的旅游服务，必须是高水平、高质量并与国际需求相适应的服务。

旅游便捷性是旅游产品构成中的基本因素之一，它不仅是连接旅游产品各组成部分的纽带，而且是旅游产品能够组合起来的前提性条件，具体表现为进入旅游目的地的难易程度和时效标准，尤其在国际旅游产品中，旅游便捷性的程度和水平对国际旅游产品的吸引力和竞争力具有重要影响。旅游便捷性的具体内容主要包括：良好的交通通达条件，如现代化的交通工具和方式、国内外交通运输网络连接的方便程度等；畅通的通信条件，包括通信设施的配套状况、规模、能力以及线路布置等是否方便快捷；方便的出入境签证手续、出入境验关程序和较高的服务效率和咨询信息以及良好的社会治安状况及合理的人口密度、交通运输管理等。这些因素对旅游目的地的客流量大小、旅游产品的吸引力等都具有十分重要的作用和影响。

附加利益即旅游产品的延伸部分，通常是指旅游者在购买和消费旅游产品过程中所获得的各种优惠条件、付款条件及礼品馈赠等各种额外利益的总和。附加利益虽然不是旅游产品的主要内容，但由于旅游者在旅游过程中购买的是整体旅游产品，因而在旅游产品的基本功能满足旅游者消费需求之后，附加利益往往成为旅游者对旅游产品进行购买决策和消费评价的重要因素。因此，随着国际旅游市场竞争的加剧，许多旅游经营者在进行国际旅游产品营销时，除了注意突出旅游产品核心部分和形式部分的特色外，都非常重视向国际旅游者提供一些附加利益，以赢得市场竞争的优势，吸引和招待更多的国际旅游者。

二、国际旅游产品分开发

（一）旅游产品分类

按照旅游产品在国际旅游市场上的交换情况，国际旅游产品通常可以分为单项旅游产品、组合旅游产品和综合旅游产品三个类别。[①]

（1）单项旅游产品，主要指国际旅游者在跨国旅游活动中，所购买的有关住宿、餐饮、交通、游览、娱乐等某一方面或某几方面的物质产品和服务。例如，国际旅游者乘坐一次航班、订购一间客房、享用一顿美餐、游览一次景点等都属于单项旅游产品，其一般只能满足旅游者某一方面或者部分旅游需求。在国际旅游活动中，单项旅游产品是构成组合旅游产品和综合旅游产品的基本单位。通常购买单项旅游产品的大多数是散客或自助旅游者。

（2）组合旅游产品，是指由旅游经营者根据国际旅游者需求，把食、住、行、游、购、娱等多种旅游要素组合而形成的旅游产品，又称旅游线路产品。组合旅游产品一般是由旅行商根据国际旅游需求和活动规律特点，结合不同旅游目的地旅游资源和接待设施条件进行设计和开发，并且把各种单项旅游产品有机组合而形成的旅游线路产品。在国际旅游活动中，团队旅游者基本上购买组合旅游产品，少数的散客旅游者也会向旅行商购买组合旅游产品。

（3）综合旅游产品，主要指在国际旅游中，满足国际旅游者一次旅游活动的全部物质产品和服务，如一条或多条国际旅游线路、某一旅游目的地的全部旅游活动等，因此又称旅游目的地产品或旅游地产品。在国际旅游中，综合旅游产品通常包括若干个单项旅游产品和若干条旅游线路产品，能够充分地满足国际旅游者的多样性旅游需求，也是目的地国家和地区旅游产品开发的

[①] 唐承财，唐鸣镝，秦静，刘霄泉，宋昌耀，陈达. 国际旅游规划与开发［M］. 北京：旅游教育出版社，2018：74.

重点。

(二) 观光益智类旅游产品

观光旅游是一种最为常见的旅游产品，是人类为了满足好奇心并增益知识而产生的初级旅游产品。根据旅游资源类型的不同，可将旅游观光类旅游产品分为自然观光益智旅游产品和人文观光益智旅游产品两大类。

1. 自然观光益智旅游产品

自然旅游是一种以体验动物、植物和生态环境为目的的旅游。自然观光旅游是观光益智旅游产品中开发最早、最主要的形式之一。它包括名山大川、峡谷湖泊、喷泉瀑布、森林草原等。自然景观不仅限于风景，还包括气候、植被和野生动植物。自然观光旅游具有良好的环境教育功能，同时还有为旅游者提供欣赏大自然之美、陶冶个人情操、锻炼人生意志的益处。自然观光旅游产品的一个特点就是与多种旅游产品具有良好的兼容性。国家公园可以同时提供自然观光和文化观光甚至更多种类的旅游产品，但一般将其置于自然观光益智旅游产品之中。美国在1872年建立的黄石公园是世界上最早的国家公园。

2. 人文观光益智旅游产品

实际上自罗马时代以来，人们就出于文化旅游的原因而外出修行，他们或访问历史遗迹和标志性的文化建筑，或者参加特殊的节事活动，或参观博物馆。从旅游的本质来看，旅行使得旅游者离开其故乡文化，而暂时置身于一种不同的文化环境中。在一定意义上说，所有的旅行都包含某种文化因素。旅游活动的运行过程就是文化的商品化过程。直到20世纪70年代后期，文化旅游才开始被看作是特殊的产品种类。文化旅游资源是宫殿庙宇、禅林寺院、亭台楼阁、建筑群落、塔影桥虹、壁画石刻、艺术珍品、革命圣地、风土民俗、城乡风光、美味佳肴、平原驰马、水乡泛舟、海滨戏水、龙舟竞渡、柳荫垂钓等人文旅游资源。人们在自己的国家生活了很长时间，而各个国家的人文环境往往各富特色，因此，人文旅游是吸引国际游客的重要因素。

(三) 休闲度假类旅游产品

度假旅游是指人们利用假日在常住地以外的地方所进行的较少流动性，达到精神和身体放松目的的休闲性旅游方式。现代度假旅游产品一般有海滨旅游、乡村旅游、森林旅游、野营旅游等产品类型。度假旅游产品的特点是强调休闲和消遣，其要求自然景色优美、气候良好适宜、住宿设施令人满意，并且有较为完善的文体娱乐设施及便捷的交通和通信条件等。随着现代社会经济的发展、公休假日的增加及奖励旅游的发展，度假旅游产品已成为国内外旅游者所喜爱的旅游产品，具有较好的发展态势和潜力。

休闲产业是以旅游业、娱乐业、服务业、体育产业和文化产业为龙头的经济形态和产业系统，休闲产业对于满足人的享受和发展需要、实现生产力的再创造、提升国民生存质量、促进社会经济进步以及文化传承都有不可替代的作用。旅游被视为休闲产业构成要素之一，二者之间存在密切联系。休闲旅游是以休闲为目的的旅游，是人们利用闲暇时间到常住地以外进行放松、体验、娱乐、健康和自我完善的行为过程。

（四）商务类旅游产品

作为一种新兴的旅游产品，商务旅游是以商务活动为主要目的，以旅行为基本手段，以游览观光、休闲度假为辅助活动的旅游产品，通常具有狭义和广义之分。狭义的商务旅游产品，主要指为了商务洽谈、业务交易等商业性活动而进行的旅游活动。广义的商务旅游产品，还包括各种国际大会、学术会议、专业会议、商业交易会、商品博览会以及依托各种大型体育活动、节庆活动等而开展的旅游活动。商务旅游产品具体还可以划分为会议旅游、商务旅游、会展旅游、奖励旅游等各种类型。

一个旅游目的地要想开发国际商务旅游产品，必须具有适应商务旅游者需求的有形和无形要素。其中有形要素包括地理特征；城市内外交通网络；接待设施；人造景点；可开展商务的场地、能够提供会议、交易会和奖励旅游全套服务的专业会展公司；能够为潜在旅游者提供信息的目的地营销机构。无形要素取决于旅游者对目的地的感知，包括目的地安全性的稳定性、友好程度、氛围以及服务的效率和诚信等内容。

（五）专项旅游类旅游产品

专项旅游也称"专题旅游"或"特色旅游"。这种专门层次旅游是具有专题、专项性质的具体旅游活动形式，其特点是旅游者以特定的目的到特定旅游地进行的特定活动。观光、休闲度假和商务会展这三类旅游产品，都属于目前较主流的旅游方式，这三类旅游的参与人数较多，是旅行社及其他旅游企业的主打产品，这些产品往往是标准化和程序化的，因此可以称为常规旅游产品。与常规旅游产品相对应的其他旅游形式统称专项旅游（主题旅游产品）和特殊兴趣旅游产品，这些旅游产品具有明显的个性化和非程序化特征，参与人数较少，主要针对具有特殊兴趣的中众和小众市场。

1. 教育旅游

在中国历史上，古代修学旅游是东方文化的奇观之一。现代意义的教育旅游始于日本，至今已有100多年的历史。教育旅游是指以教育和学习为主要或是第二目的的旅游活动，可以分为一般教育旅游、成人学艺旅行、中小学教育旅游和大学生旅游四类。随着经济社会的不断发展，全球一体化的进程不断加快，越来越多的人倾向于去其他国家进行教育旅游，在旅行过程中体验不同的文化，并且在这一过程中接受教育。教育旅游产品的国际市场在将来会不断扩大。它是观光旅游和度假旅游等常规旅游的提高，是对传统常规旅游形式的发展和深化，因此是一种更高形式的特色旅游活动产品。

教育旅游最重要的吸引物莫过于教育资源，如美国的常春藤学校每年都会吸引大量的来自世界各地的学生进行参观游览并体验一些课程。此外，学校选址、食宿设施、休闲活动、安全性等也都是国际游客在选择教育旅游目的地时的重要考虑因素。相对于其他旅游活动来说，教育旅游重点突出，对于其他辅助设施的要求并不是特别高。

2. 美食旅游

以品尝美食为主要动机的旅游活动称为美食旅游。美食旅游是一种较为新颖的旅游形式。美食旅游是到异地寻求审美和愉悦经历，以享受和体验美食为主体的具有社会和休闲等属性的旅游活动。一直以来，食物都是游客完整旅游体验中的一个支持要素，但是在美食旅游的过程中，食物成为游客的主要旅游体验。在美食旅游中，旅游者希望品尝更加多样的美食，其更多选择与日常饮食不同的地方特色饮食。

美食旅游在日本和西欧比较流行。特别是日本十分注重饮食文化。日本的餐饮都很精致，用餐礼仪也十分周到，再加上餐桌上的日本传统服务，能够让国际游客有很好的体验，感受到真实的日本文化。美食旅游目的地的食品和菜肴一定要有鲜明的地方特色，还需要有精湛的烹饪技巧、良好的饮食环境和卫生条件，这几项都是缺一不可。美食旅游与文化密不可分，美食也是文化的一部分，游客进行美食旅游也是体验文化的过程，因此美食旅游目的地的文化特色必须鲜明，才能够吸引国际游客前来。

3. 探险旅游

探险旅游是旅游者到人迹罕至或险状环生的特殊环境进行的充满神秘性、危险性和刺激性的旅行考察活动。一些人长期居住于繁华都市，厌倦了车马喧嚣的生活，很想找一个幽静而富有神奇刺激的场所体验探险乐趣。据此，很多国家开辟了探险旅游。如泰国的骑象探险旅游、丹麦的狗拉雪橇探险旅游等。另一些人以追求世界纪录为目的的冒险旅行。如乘气球环球旅行、驾脚踏飞机或滑行器飞渡海峡、驾游艇或小船周游世界、乘独木舟横渡大西洋等。其他还有以科学考察为主要目的的探险旅游，种类繁多，如高山探险旅游、沙漠探险旅游、海洋探险旅游、森林探险旅游、洞穴探险旅游、极地探险旅游、追踪野生动物探险旅游、寻找人类原始部落探险旅游等。探险旅游可大致分为硬探险和软探险两类。

参考文献

[1] 蔡家成. 朝阳 智慧 财富 旅游开发与发展探索［M］. 北京：中国旅游出版社，2016.

[2] 曹诗图. 新编旅游开发与规划［M］. 武汉：武汉大学出版社，2007.

[3] 陈高宏，吴建南，张录法. 城市治理的金山实践［M］. 上海：上海交通大学出版社，2018.

[4] 陈秋华，纪金雄，等. 乡村旅游规划理论与实践［M］. 北京：中国旅游出版社，2014.

[5] 陈熙熙. 体育健康旅游发展研究［M］. 北京：北京日报出版社，2015.

[6] 陈艳. 武汉市体育旅游业开发研究［M］. 武汉：中国地质大学出版社，2009.

[7] 陈远清. 旅游项目开发可行性研究与经济评价实务全书 上［M］. 北京：中科多媒体电子出版，2003.

[8] 谌静. 乡村振兴战略背景下的乡村旅游发展研究［M］. 北京：新华出版社，2019.

[9] 段红艳. 体育旅游项目策划与管理［M］. 武汉：华中师范大学出版社，2017.

[10] 耿松涛，宋蒙蒙. 产业融合背景下的旅游创新业态发展研究［M］. 北京：知识产权出版社，2018.

[11] 郭创乐. 乡村振兴战略背景下乡村旅游高质量发展研究［M］. 北京：中国原子能出版社，2020.

[12] 郭宏翔. 城市近郊生态休闲旅游度假区规划设计分析［J］. 四川水泥，2019（2）.

[13] 黄博，姜德刚，丰爱平，林雪萍. 我国海岛旅游高质量发展的建议［J］.

中国国土资源经济，2021，34（6）.

［14］黄荔桐，胡安安. 增长极理论视阈下的文化旅游资源开发模式探究［J］. 当代旅游，2021（14）.

［15］黄泰岩. 转变经济发展方式的内涵与实现机制［J］. 求是，2007（18）.

［16］黄天爱，雷悦，俞丽珊，徐欢. 大运河非物质文化遗产在绿地中的景观设计表达形式［J］. 现代园艺，2021（5）.

［17］黄维，王道波. 北部湾海岛旅游可持续开发研究［M］. 沈阳：辽宁大学出版社，2019.

［18］黄翔，连建功，王乃举. 旅游节庆与品牌建设 理论·案例［M］. 天津：南开大学出版社，2007.

［19］李国宁. 旅游开发与营销［M］. 北京：中国物资出版社，2007.

［20］李通. 区域地理与系统地理高考复习总攻略［M］. 北京：中国地图出版社，2007.

［21］李悦铮. 海岛旅游开发规划 理论探索与实践［M］. 北京：旅游教育出版社，2011.

［22］梁明珠. 旅游资源开发与规划 原理、案例［M］. 广州：暨南大学出版社，2014.

［23］廖嵘. 非物质文化景观旅游规划设计理论与实践［M］. 重庆：重庆大学出版社，2010.

［24］刘佳佳，李想. 非物质文化遗产保护视野下的特色村镇景观设计研究［J］. 戏剧之家，2020（5）.

［25］刘江，杜鹰. 中国农业生产力布局研究［M］. 北京：中国经济出版社，2011.

［26］刘乐，杨冰清，陈思. 旅游度假区游憩空间规划设计——以颍州西湖风景旅游区为例［J］. 山东农业工程学院学报，2015（2）.

［27］刘民坤，郭南芸，周武生. 全域旅游大时代 广西特色旅游名县升级发展研究［M］. 北京：中国旅游出版社，2017.

［28］刘娜. 人类学视阈下乡村旅游景观的建构与实践［M］. 青岛：中国海洋大学出版社，2019.

［29］隆玲，袁理锋. 旅游职业素养［M］. 上海：上海交通大学出版社，2019.

［30］罗翔. 基于循环经济理论的休闲农庄研究及规划设计——以贵州省毕节市彝蒙休闲农庄为例［D］. 昆明：昆明理工大学，2017.

[31] 罗英. 旅游品牌的营销策略研究［J］. 赤峰学院学报（自然科学版），2016（18）.

[32] 麻进余. 文化自觉与文化自信视域下的城市文化建设研究［M］. 北京：现代出版社，2019.

[33] 马洪元. 城市旅游指南［M］. 天津：南开大学出版社，2010.

[34] 马丽卿. 论我国无人岛屿旅游资源的开发与保护［J］. 商业经济与管理，2009（2）.

[35] 马勇，王鹏飞，韩洁，等. 旅游规划与开发［M］. 武汉：华中科技大学出版社，2019.

[36] 苗雅杰，王钊. 旅游规划与开发［M］. 北京：中国财富出版社，2013.

[37] 苗增良，陈朝喜，崔大练，邓一兵. 无居民海岛开发利用存在的问题及开发模式探讨——以浙江舟山为例［J］. 安徽农业科学，2013（13）.

[38] 任鸣，戴杰. 无人岛旅游开发中适宜空间规划设计研究［J］. 经济研究导刊，2017（26）.

[39] 舒晶. 旅游市场营销［M］. 上海：上海交通大学出版社，2007.

[40] 谭波. 旅游策划与开发［M］. 青岛：中国海洋大学出版社，2017.

[41] 唐承财，唐鸣镝，秦静，等. 国际旅游规划与开发［M］. 北京：旅游教育出版社，2018.

[42] 唐云松. 旅游资源学［M］. 西安：西安交通大学出版社，2019.

[43] 田光辉，姜又春. 新时代湖南民族地区文化与旅游融合发展研究［M］. 北京：光明日报出版社，2020.

[44] 王春雷，周霄. 从人类学视角探析区域旅游规划的社区参与［J］. 规划师，2003（3）.

[45] 王德刚. 旅游开发学 第2版［M］. 济南：山东大学出版社，2007.

[46] 王东健. 基于旅游系统理论的旅游规划——以陈家沟太极拳文化旅游为例［J］. 商丘职业技术学院学报，2020（4）.

[47] 王敏弦，赵俊萍，李津泽. 旅游学概论［M］. 上海：上海财经大学出版社，2018.

[48] 王庆生，冉群超，沈长智，等. 旅游规划与开发 第2版［M］. 北京：中国铁道出版社，2016.

[49] 王帅辉，耿松涛. 全域旅游营销策略与品牌策略规划［J］. 价格月刊，2018（3）.

[50] 王寅寅. 非物质文化景观的动态空间场景 [J]. 江苏第二师范学院学报, 2016 (1).

[51] 吴国清, 吴瑶. 城市更新与旅游变迁 [M]. 上海: 上海人民出版社, 2018.

[52] 肖晴, 王寅寅, 连洪燕, 李若愚. 非物质文化景观在庙会公共空间中的应用研究 [J]. 安徽建筑, 2019 (1).

[53] 徐虹, 朱伟, 章继刚. 乡村旅游创意开发 [M]. 北京: 中国农业大学出版社, 2019.

[54] 徐娜. 海洋旅游产业发展现状与前景研究 [M]. 广州: 广东经济出版社, 2018.

[55] 许芳, 张尔升, 袁国宏, 等. 海南特区经济可持续发展战略研究 [M]. 海口: 海南出版社, 2008.

[56] 鄢志武. 旅游地理学 [M]. 武汉: 华中师范大学出版社, 2008.

[57] 杨炯蠡, 殷红梅. 乡村旅游开发及规划实践 [M]. 贵阳: 贵州科技出版社, 2007.

[58] 杨振之. 旅游资源开发与规划 [M]. 成都: 四川大学出版社, 2002.

[59] 杨正泰. 旅游景点景区开发与管理 [M]. 福州: 福建人民出版社, 2000.

[60] 袁俊. 旅游学概论 [M]. 武汉: 华中师范大学出版社, 2006.

[61] 袁美昌. 打造胜地旅游开发技术详解 [M]. 北京: 中国旅游出版社, 2014.

[62] 张碧星. 城镇化发展过程中的乡村旅游经营管理研究 [M]. 北京: 中国商务出版社, 2019.

[63] 张广海. 我国滨海旅游资源开发与管理 [M]. 北京: 海洋出版社, 2013.

[64] 张霞, 王爱忠, 张宏博. 生态经济视阈下的乡村旅游开发与管理研究 [M]. 成都: 电子科技大学出版社, 2018.

[65] 张新生. 区域旅游规划研究 [M]. 北京: 中央文献出版社, 2009.

[66] 张兆干. 城市旅游 [M]. 贵阳: 贵州人民出版社, 2003.

[67] 郑耀星, 储德平. 区域旅游规划、开发与管理 [M]. 北京: 高等教育出版社, 2004.

[68] 周洪松. 体育旅游市场开发及其可持续发展研究 [M]. 长春: 吉林大学出版社, 2020.

[69] 周立. 基于统筹理念的都市近郊地区规划设计——以郑州中牟北部片区为例 [J]. 智能城市, 2018 (20).

［70］周少君. 海岛旅游开发规划要略［M］. 广州：广东世界图书出版有限公司，2019.

［71］周霄. 乡村旅游发展与规划新论［M］. 武汉：华中科技大学出版社，2017.

［72］朱云祥，彭军. 城市非物质文化遗产转化的景观设计研究［J］. 美与时代（上），2020（7）.

［73］邹宏玉. 非物质文化景观旅游规划设计研究［J］. 中国民族博览，2020（8）.

［74］邹阳，陈飞虎. 价值的转化和创生——非物质文化景观再现途径探讨［J］. 湖南大学学报（社会科学版），2012（5）.